au menu
Plats simples et rapides

au menu

Plats simples et rapides

p

Réalisation : InTexte Édition

ISBN: 1-40543-820-7

Imprimé en Malaisie

NOTE

Une cuillerée à soupe correspond à 15 à 20 g d'ingrédients secs et 15 ml d'ingrédients
liquides. Une cuillerée à café correspond à 3 à 5 g d'ingrédients secs et 5 ml
d'ingrédients liquides. Sans autres précisions, le lait est entier, les œufs sont de taille
moyenne et le poivre est du poivre noir fraîchement moulu.

Les temps indiqués dans les recettes ne sont donnés qu'à titre indicatif. Les temps
de préparation peuvent varier en fonction des techniques employées et les temps
de cuisson en fonction du four utilisé. Un four doit toujours être préchauffé.
En fonction des recettes, les temps de cuisson comprennent les éventuels temps
de réfrigération et de marinade.

Les recettes utilisant des œufs crus ou peu cuits sont déconseillés aux nourrissons,
aux personnes âgées, aux femmes enceintes, ainsi qu'aux personnes malades
ou convalescentes.

Sommaire

Introduction

Ce livre a été conçu pour ceux qui souhaitent des repas équilibrés, rapides à préparer, ainsi que pour les végétariens et les végétaliens, qui trouveront ici leur bonheur. Ce livre prouve qu'avec un peu d'organisation, il est possible de réaliser des plats délicieux sans passer des heures en cuisine.

Découvrez des recettes du monde entier : certains plats indiens ou barbecues nécessitent que les ingrédients marinent, souvent une nuit, mais leur temps de cuisson, une fois la marinade absorbée, est très court.

Des plats exotiques côtoient des spécialités traditionnelles, que vous adopterez sans aucun doute. Pour des repas de tous les jours, pour manger sur le pouce ou pour un dîner de fête improvisé, vous trouverez de quoi satisfaire votre gourmandise. Pour gagner du temps, ayez une réserve d'aliments de base tels que du riz, des pâtes, des épices et des fines herbes, pour pouvoir choisir parmi le grand choix de recettes que nous vous offrons.

Ingrédients

Céréales

Disposez d'un bon assortiment de céréales. Pour le riz, choisissez du basmati, du riz thaï, du riz arborio (variété italienne), du riz long grain et du riz sauvage. N'oubliez pas que le riz nature est plus riche en vitamine B1 et en fibres que le riz blanc. Ne négligez pas les céréales telles que le millet, le boulgour, la polenta, l'avoine, la semoule ou le tapioca.

Pâtes

Les pâtes jouent un rôle majeur dans notre alimentation. Disposez de lasagnes, de fettucines, de spaghettis et de tagliatelles. Pour plus d'originalité, pensez à acheter des pâtes fraîches. Le mieux est encore de les faire soi-même : on trouve dans le commerce des machines pour travailler la pâte et la couper en diverses formes.

Nouilles asiatiques

Utilisez des nouilles sèches, telles que les nouilles aux œufs, de couleur jaune, les nouilles de riz, blanches, et les vermicelles qui sont opaques et deviennent transparents à la cuisson. Sinon, utilisez des vermicelles ou nouilles de riz frais.

Légumes secs

Les légumes secs sont connus pour leur apport en protéines, en vitamines et en sels minéraux. Disposez de haricots blancs et rouges, de lentilles, de pois cassés, de pois chiches, et de germes de soja. Vous pouvez les acheter secs et les faire tremper avant l'emploi ou les acheter en boîte pour gagner du temps.

Tofu

C'est une pâte de soja qui existe sous diverses formes. Utilisez de préférence la variété vendue en pains, spongieuse et molle et de couleur ivoire. Elle a très peu de goût mais apporte de la texture et s'imprègne des autres saveurs du plat.

Herbes

La diversité et les saveurs de votre cuisine dépendent beaucoup des herbes que vous utilisez pour réaliser vos recettes. Les herbes aromatiques fraîches sont meilleures mais ayez toujours des herbes séchées car elles peuvent toutefois dépanner. Disposez de basilic séché, de thym, de feuilles de laurier, d'origan, de romarin, de fines herbes et de bouquet garni.

Poudre de cinq-épices

C'est un mélange de cannelle, de clous de girofle, d'anis étoilé, de fenouil et de poivre noir qui entre souvent dans la composition des marinades.

Poivre du Sichuan

C'est un poivre très épicé et piquant, utilisez-le en petites quantités. De couleur rouge, il est facile à trouver.

Anis étoilé

C'est une gousse en forme d'étoile à huit branches avec un fort goût anisé. On le trouve également en poudre. Si vous utilisez une graine entière, jetez-la avant de servir.

Piments

Il existe une grande diversité de piments plus ou moins forts qu'il faut savoir choisir. Les graines, très fortes, sont peu utilisées. Vous pouvez également employer de la poudre de piment, avec parcimonie. Vérifiez si le flacon contient uniquement du piment ou un mélange à base de piment, qui sera beaucoup plus doux.

Noix et graines

Outre leur apport en protéines, vitamines et graisses, les noix
et les graines constituent un atout précieux en termes de saveur
et de texture. Disposez d'un assortiment de noisettes, de pignons
et de noix. La noix de coco peut également être utile. Pour les graines,
ayez des graines de pavot, de sésame, de tournesol et de citrouille,
ces dernières sont particulièrement riches en zinc.

Pak-choi

Légume feuille vert foncé, il possède un goût délicat
et légèrement amer.

Pousses de bambou

Elles n'ont pas beaucoup de goût et sont surtout utilisées
pour leur consistance. Disponibles en boîte, elles sont très utilisées
dans la cuisine chinoise.

Germes de soja

Aussi appelés pousses de haricots mungo, ils sont très nutritifs
et riches en vitamines. Ils apportent une texture croquante
et on peut en trouver facilement. Évitez de les faire trop cuire
car ils flétriraient et perdraient de leur consistance.

Fruits secs

Raisins, ananas, figues, abricots, poires, pêches, mangues, dattes
peuvent être achetés séchés et utilisés dans de nombreuses recettes.
Essayez d'en trouver qui ne sont pas traités. Des figues qui n'ont pas
été roulées dans le sucre ou des abricots non traités au souffre,
par exemple.

Huiles et matières grasses

Les différentes huiles apporteront des saveurs subtiles à vos recettes,
c'est pourquoi il est important d'en avoir toujours de plusieurs sortes.
Utilisez une huile d'olive légère pour la cuisson et une huile d'olive vierge
extra pour les sauces de salade. L'huile de tournesol se prêtera
à de multiples usages, l'huile de sésame sera idéale pour vos sautés tandis
que les huiles de noix et de noisette seront parfaites pour les salades.
Rappellez-vous que les huiles et matières grasses sont riches en lipides ;
l'huile a plus de calories que le beurre.

Huile de sésame

Résultant du pressage des graines de sésame grillées, elle est connue
pour son arôme intense. Elle brûle facilement, utilisez-la en fin
de cuisson pour donner du goût, mais jamais pour la friture.

Alcool de riz

Il ressemble au xérès sec par sa couleur, sa teneur en alcool et son parfum, il a un goût très particulier.

Vinaigres

Il vous sera nécessaire de disposer de 3 ou 4 variétés de vinaigre comme le vinaigre de cidre, d'estragon, de vin blanc ou rouge, et balsamique. Chacun apportera sa personnalité à vos recettes.

Vinaigre de riz

C'est un vinaigre doux disponible dans certains supermarchés, mais si vous n'en trouvez pas, remplacez-le par du vinaigre de cidre.

Moutardes

Les moutardes sont à base de graines de moutarde noire, brune ou blanche, moulues et mélangées à des épices. La moutarde de Meaux, faite d'un mélange de graines, se distingue par sa texture granuleuse et son goût chaleureux. La moutarde de Dijon, faite de graines décortiquées et moulues, plus piquante, se prête à la cuisine végétarienne. La moutarde allemande, au goût moins prononcé, s'utilise surtout dans des recettes scandinaves ou allemandes.

Sauces en bouteille

La sauce Teriyaki apportera une authentique note japonaise à vos sautés tandis que la sauce de soja noire et la sauce aux haricots jaune seront plutôt utilisées pour les recettes chinoises.

Sauce de soja

Procurez-vous une sauce de qualité. Il en existe deux variétés : la claire, au goût léger, est utilisée avec le poisson et les légumes alors que l'épaisse, plus riche, sombre, et au goût intense est servie en accompagnement de plats déjà forts.

Épices

Utilisez-les entières, moulues, grillées, frites, ou avec du yaourt pour les marinades. Si une seule épice suffit à modifier la saveur d'un mets, le mélange de plusieurs épices peut aboutir à diverses couleurs et textures. Les quantités sont indiquées pour vous guider : augmentez ou réduisez les doses selon votre goût notamment pour le sel et le piment. De nombreuses recettes contiennent des épices en poudre, disponibles dans les supermarchés et les épiceries exotiques. Les épices fraîchement moulues exhalent cependant un arôme incomparable, c'est pourquoi en Inde, elles sont préparées à la demande.

D'autres recettes nécessitent des épices grillées. Préparez-les dans une poêle en fonte, à défaut d'un *thawa* indien, sans huile, ni eau : les épices se grillent à sec et ne brûleront pas si vous secouez la poêle pendant la cuisson.

Un long mijotage à feu doux permet aux mets de s'imprégner de la saveur des épices ; vous pouvez donc réchauffer un curry préparé la veille : il n'en sera que meilleur.

Recettes de base

Ces recettes constituent la base de nombreux plats présentés dans ce livre. Beaucoup peuvent être préparées à l'avance et réservées 2 jours au réfrigérateur.

Sauce tomate

2 cuil. à soupe d'huile d'olive
1 petit oignon, haché
1 gousse d'ail, hachée
400 g de tomates concassées en boîte
2 cuil. à soupe de persil frais haché
1 cuil. à café d'origan séché
2 feuilles de laurier
2 cuil. à soupe de concentré de tomates
1 cuil. à café de sucre
sel et poivre

1 Faire chauffer l'huile d'olive dans une sauteuse à feu moyen, ajouter l'oignon et faire cuire 2 à 3 minutes, jusqu'à ce qu'il soit translucide. Ajouter l'ail et faire revenir 1 minute.

2 Incorporer les tomates et leur jus, le persil, l'origan, les feuilles de laurier, le concentré de tomates et le sucre, saler et poivrer selon son goût.

3 Porter à ébullition, laisser mijoter 15 à 20 minutes, jusqu'à réduction de moitié, goûter et rectifier l'assaisonnement si nécessaire. Jeter les feuilles de laurier juste avant de servir.

Sauce béchamel

300 ml de lait
2 feuilles de laurier
3 clous de girofle
1 petit oignon
55 g de beurre
6 cuil. à soupe de farine
300 ml de crème fraîche liquide
1 bonne pincée de noix muscade fraîchement râpée
sel et poivre

1 Mettre le lait et les feuilles de laurier dans une casserole. Piquer les clous de girofle dans l'oignon, ajouter au contenu de la casserole et porter à ébullition à feu doux. Retirer du feu, couvrir et laisser refroidir.

2 Filtrer le lait dans un verre doseur, rincer la casserole et y faire fondre le beurre à feu doux. Ajouter la farine en remuant 1 minute, mouiller progressivement avec le lait, sans cesser de remuer, et cuire 3 minutes. Incorporer la crème et porter à ébullition. Retirer du feu et assaisonner de noix muscade, de sel et de poivre selon son goût.

Sauce au fromage

25 g de beurre
1 cuil. à soupe de farine
250 ml de lait
2 cuil. à soupe de crème fraîche liquide
1 pincée de noix muscade fraîchement râpée
40 g d'emmental, fraîchement râpé
1 cuil. à café de parmesan fraîchement râpé
sel et poivre

1 Faire fondre le beurre dans une casserole à feu doux, incorporer la farine et faire cuire 1 minute. Mouiller progressivement avec le lait en remuant, incorporer la crème, et assaisonner de noix muscade, de sel et de poivre selon son goût.

2 Laisser mijoter 5 minutes, retirer du feu et incorporer les fromages. Mélanger soigneusement, jusqu'à ce que les fromages soient fondus et incorporés à la sauce. Rectifier l'assaisonnement et servir, ou réserver.

Sauce espagnole

2 cuil. à soupe de beurre

25 g de farine

1 cuil. à café de concentré de tomates

250 ml de bouillon de veau, chaud

1 cuil. à soupe de Madère

1 cuil. à café ½ de vinaigre de vin blanc

2 cuil. à soupe d'huile d'olive

2 tranches de lard, coupées en dés

3 cuil. à soupe de carotte coupée en dés

3 cuil. à soupe d'oignon coupé en dés

3 cuil. à soupe de céleri coupé en dés

3 cuil. à soupe de poireau émincé

3 cuil. à soupe de fenouil coupé en dés

1 brin de thym frais

1 feuille de laurier

1 Faire fondre le beurre dans une casserole à feu doux, ajouter la farine et faire cuire en remuant, jusqu'à obtention d'un roux. Ajouter le concentré de tomates, mouiller avec le bouillon, le Madère et le vinaigre de vin, et faire cuire 2 minutes.

2 Faire chauffer l'huile dans une autre casserole à feu doux, ajouter le lard, la carotte, l'oignon, le céleri, le poireau, le fenouil, le thym et la feuille de laurier, et faire cuire jusqu'à ce qu'ils soient tendres. Retirer les légumes de la casserole à l'aide d'une écumoire, égoutter, et ajouter les légumes à la sauce. Laisser mijoter 4 heures, en remuant de temps en temps, et filtrer la sauce avant de servir.

Sauce Ragu

3 cuil. à soupe d'huile d'olive

40 g de beurre

2 gros oignons, hachés

4 branches de céleri, finement émincées

175 g de lard, haché

2 gousses d'ail, hachées

450 g de bœuf maigre haché

2 cuil. à soupe de concentré de tomates

1 cuil. à soupe de farine

400 g de tomates concassées en boîte

150 ml de bouillon de bœuf

150 ml de vin rouge

2 cuil. à café d'origan séché

½ cuil. à café de noix muscade fraîchement râpée

sel et poivre

1 Faire chauffer l'huile et le beurre dans une casserole à feu moyen, ajouter l'oignon, le céleri et le lard, et faire cuire 5 minutes, en remuant.

2 Incorporer l'ail et le bœuf haché, et faire cuire 10 minutes, jusqu'à ce que la viande soit cuite. Réduire le feu et laisser cuire 10 minutes sans cesser de remuer.

3 Augmenter la température à feu moyen, incorporer le concentré de tomates et la farine, et faire cuire 1 à 2 minutes. Ajouter les tomates, mouiller avec le bouillon et le vin, et porter à ébullition. Incorporer l'origan et la noix muscade, saler et poivrer selon son goût. Couvrir et laisser mijoter 45 minutes.

Sauce au vin rouge italienne

150 ml de bouillon de bœuf

150 ml de sauce espagnol (à gauche)

125 ml de vin rouge

2 cuil. à soupe de vinaigre de vin rouge

4 cuil. à soupe d'échalotes hachées

1 feuille de laurier

1 brin de thym frais

poivre

1 Préparer la sauce espagnole. Mélanger le bouillon de bœuf et la sauce espagnole dans une casserole, et faire chauffer 10 minutes, en remuant de temps en temps.

2 Pendant ce temps, mettre le vin rouge, le vinaigre de vin rouge, les échalotes, la feuille de laurier et le thym dans une casserole, porter à ébullition à feu doux et laisser réduire la sauce de trois quarts.

3 Filtrer la sauce espagnole, ajouter à la casserole contenant la sauce au vin et laisser mijoter 20 minutes, en remuant de temps en temps. Poivrer selon son goût et filtrer la sauce avant de servir.

Mode d'emploi

Chaque recette vous donne de nombreuses informations utiles, parmi
lesquelles l'analyse des valeurs nutritionnelles, les temps de préparation
et de cuisson et le niveau de difficulté. Toutes ces informations vous sont
expliquées en détail ci-dessous.

La photo en couleur
du plat une fois prêt.

114

PLATS SIMPLES ET RAPIDES

Des morceaux de poulet
sont mijotés dans une
succulente sauce à base
de moutarde douce
et de citron, puis enrobés
de graines de pavot, ils sont
servis sur un lit de pâtes.

Poulet rôti *à la* moutarde

4 PERSONNES

8 découpes de poulet de 115 g chacune
60 g de beurre, fondu
4 cuil. à soupe de moutarde douce
(voir « conseil »)
2 cuil. à soupe de jus de citron
1 cuil. à soupe de sucre roux
1 cuil. à café de paprika
sel et poivre
3 cuil. à soupe de graines de pavot
400 g de lumaconi frais
1 cuil. à soupe d'huile d'olive

1 Disposer les morceaux de poulet en une seule couche, côté peau au-dessus,
   dans un plat allant au four.

2 Mélanger le beurre, la moutarde, le jus de citron, le sucre, le paprika, le sel et
   le poivre dans une petite terrine, badigeonner le poulet de la moitié du mélange
   et faire cuire au four préchauffé, à 200°C (th. 6-7), 15 minutes.

3 Retirer le plat du four, retourner délicatement les morceaux de poulet, et enduire
   de nouveau avec le reste du mélange à la moutarde. Parsemer de graines de
   pavot, et remettre au four encore 15 minutes.

4 Pendant ce temps, porter à ébullition une casserole d'eau légèrement salée,
   ajouter les pâtes et l'huile d'olive, et faire cuire 8 à 10 minutes, jusqu'à ce que
   les pâtes soient al dente.

5 Égoutter soigneusement les pâtes, transférer dans un plat de service chaud
   et disposer les morceaux de poulet par dessus. Napper avec la sauce et servir
   immédiatement.

VALEURS NUTRITIONNELLES
Calories 652 ; Glucides 51 g ; Protéines 51 g ;
Lipides 31 g ; Acides gras saturés 12 g

⭐⭐   facile
🕐   10 minutes
🕐   35 minutes

◎ CONSEIL
La moutarde de Dijon, la plus forte, est la plus couramment utilisée dans la cuisine.
D'autres moutardes sont aromatisées, à l'estragon ou au miel, par exemple.
La moutarde à l'ancienne, dans laquelle les grains sont entiers, est plus douce.

Les ingrédients
de chaque recette sont
donnés dans leur
ordre d'utilisation.

Les valeurs
nutritionnelles fournies
pour chaque recette
sont calculées pour
1 personne. Les
ingrédients facultatifs,
les variantes ou les
suggestions de
présentation n'ont pas
été comptabilisés.

La marche à suivre
est illustrée par des
photos étape par étape
pour faciliter la
réalisation de la recette.

Les conseils fournissent
des renseignements
utiles sur les
ingrédients ou sur
les techniques
de préparation.

⭐ Le nombre d'étoiles représente
le niveau de difficulté de chaque
recette, qui va du plus facile (1 étoile)
au plus difficile (4 étoiles).

🕐 La durée indiquée ici est le temps
de préparation des ingrédients, y
compris les temps de refroidissement,
de mise au frais et de trempage.

🕐 La durée indiquée ici est le temps
de cuisson.

Soupes

Une délicieuse soupe en entrée peut donner la tonalité générale du repas. Une grande variété de recettes sont proposées, pour s'accorder avec n'importe quels plats principaux. Beaucoup de soupes peuvent également être servies comme repas léger.

Un des grands atouts des soupes est leur polyvalence. Bien que les meilleurs résultats soient obtenus à partir d'ingrédients frais, les soupes sont toujours une manière rapide et facile d'utiliser des restes. Des recettes de soupes peuvent aussi être adaptées, pour servir plus de personnes simplement en augmentant la quantité de bouillon utilisé, et peuvent être épaissies en ajoutant plus de légumes. Si vous avez le temps, préparez vos propres bouillons – une alternative saine à l'utilisation des produits industriels qui sont parfois trop salés et peuvent avoir un goût trop prononcé.

Cette soupe sera meilleure préparée avec des oignons blancs, plus doux. Si vous n'en trouvez pas, remplacez-les par de gros oignons jaunes.

Soupe toscane *à* l'oignon

4 PERSONNES

50 g de pancetta, coupée en dés
1 cuil. à soupe d'huile d'olive
4 gros oignons blancs, finement émincés
3 gousses d'ail, hachées
850 ml de bouillon de poulet
  ou de jambonneau, chaud
4 tranches de ciabatta ou de tout autre pain
  italien
50 g de beurre
75 g de gruyère ou de cheddar, râpé
sel et poivre

1 Faire revenir la pancetta 3 à 4 minutes dans une grande casserole, jusqu'à ce qu'elle commence à dorer, retirer la pancetta de la casserole et réserver.

2 Faire chauffer l'huile dans la casserole à feu vif, faire revenir les oignons et l'ail 4 minutes et réduire le feu. Couvrir et laisser cuire 15 minutes jusqu'à ce que les ingrédients caramélisent légèrement.

3 Mouiller avec le bouillon, porter à ébullition à feu moyen, et réduire le feu. Couvrir et laisser mijoter 10 minutes.

4 Faire griller les tranches de ciabatta au gril préchauffé à haute température, 2 à 3 minutes, jusqu'à ce qu'elles soient dorées des deux côtés, beurrer et parsemer de gruyère râpé. Couper les tranches de pain en dés.

5 Ajouter la pancetta réservée dans la soupe, saler et poivrer selon son goût. Verser dans 4 assiettes à soupe et garnir de dés de pain.

VALEURS NUTRITIONNELLES
Calories *390* ; Glucides *15 g* ; Protéines *9g* ;
Lipides *33 g* ; Acides gras saturés *14 g*

 très facile

5 à 10 minutes

40 à 45 minutes

 CONSEIL

La pancetta ressemble au lard, mais elle a été salée et séchée 6 mois environ. Les épiceries fines et certains supermarchés en proposent. Si vous n'en trouvez pas, vous pouvez la remplacer par du lard non fumé.

Le merveilleux mélange de haricots cannellini (ou haricots nains blancs), de légumes et de vermicelle est enrichi par les saveurs du pistou , des champignons et du parmesan.

Soupe *de* légumes *aux* haricots

1 Couper l'aubergine en rondelles de 1 cm d'épaisseur, et couper chaque rondelle en quatre.

2 Couper les tomates et la pomme de terre en dés, la carotte en julienne de 2,5 cm de long et le poireau en rondelles.

3 Mettre les haricots avec leur jus dans une grande casserole, ajouter l'aubergine, les tomates, la pomme de terre, la carotte et le poireau, et mélanger.

4 Mouiller avec le bouillon, porter à ébullition à feu moyen, et réduire le feu. Laisser mijoter 15 minutes.

5 Ajouter le basilic, les cèpes déshydratés avec le liquide de trempage et le vermicelle, laisser mijoter 5 minutes, jusqu'à ce que tous les légumes soient tendres et retirer la casserole du feu. Incorporer le pistou.

6 Verser dans 4 assiettes à soupe chaudes et servir immédiatement, éventuellement accompagné de parmesan fraîchement râpé.

4 PERSONNES

1 petite aubergine
2 grosses tomates
1 pomme de terre, épluchée
1 carotte, épluchée
1 poireau
425 g de haricots cannelini en boîte
850 ml de bouillon de légumes ou de poulet, très chaud
2 cuil. à café de basilic séché
10 g de cèpes déshydratés, recouverts d'eau chaude et mis à tremper 10 minutes
50 g de vermicelle
3 cuil. à soupe de pistou
parmesan, fraîchement râpé, en accompagnement (facultatif)

VALEURS NUTRITIONNELLES

Calories *294* ; Glucides *32 g* ; Protéines *11 g* ; Lipides *16 g* ; Acides gras saturés *2 g*

 facile

30 minutes

30 minutes

Une soupe épaisse
de légumes qui constitue
en elle-même un excellent
repas. À servir avec de fins
copeaux de parmesan
et de la ciabatta chaude.

Soupe d'hiver

4 PERSONNES

2 cuil. à soupe d'huile d'olive
2 poireaux, émincés
2 courgettes, coupées en dés
2 gousses d'ail, hachées
800 g de tomates concassées en boîte
1 cuil. à soupe de concentré de tomates
1 feuille de laurier
400 g de pois chiches en boîte, égouttés
900 ml de bouillon de poulet
225 g de jeunes épinards
sel et poivre

accompagnement
parmesan fraîchement râpé
pain aux tomates séchées au soleil

1 Faire chauffer l'huile dans une casserole à feu moyen, ajouter les morceaux de poireaux et de courgettes et faire revenir 5 minutes, sans cesser de remuer.

2 Ajouter l'ail, les tomates concassées, le concentré de tomates, la feuille de laurier, et les pois chiches, et mouiller avec le bouillon de poulet.

3 Porter le tout à ébullition et laisser mijoter 5 minutes.

4 Couper les épinards en fines lanières, ajouter à la soupe et laisser cuire 2 minutes. Saler et poivrer selon son goût.

5 Jeter la feuille de laurier, verser dans 4 assiettes à soupe chaudes, et servir immédiatement avec du parmesan fraîchement râpé et du pain chaud aux tomates séchées au soleil.

VALEURS NUTRITIONNELLES

Calories *297* ; Glucides *24 g* ; Protéines *11 g* ;
Lipides *18 g* ; Acides gras saturés *2 g*

très facile

5 minutes

15 minutes

CONSEIL

Les pois chiches sont très utilisés dans la gastronomie du Magheb, mais on en trouve aussi dans les cuisines espagnoles, moyen-orientales et indiennes. Ils ont un petit goût de noisette et une consistance ferme et sont excellent en conserve.

Le massif calabrais, au sud de l'Italie, produit de grandes quantités de savoureux champignons sauvages colorés, base de cette délicieuse soupe.

Soupe calabraise

1 Faire chauffer l'huile dans une sauteuse à feu doux et faire revenir l'oignon 3 à 4 minutes, jusqu'à ce qu'il soit tendre et doré.

2 Essuyer chaque champignon avec un torchon humide et couper les plus gros en morceaux.

3 Ajouter les champignons dans la sauteuse, en remuant brièvement pour les enrober d'huile.

4 Mouiller avec le lait, porter à ébullition à feu moyen, et couvrir. Laisser mijoter 5 minutes, et mouiller progressivement avec le bouillon de légumes chaud.

5 Faire dorer le pain des deux côtés au gril préchauffé à température moyenne, 2 à 3 minutes.

6 Mélanger l'ail et le beurre et tartiner généreusement le pain grillé.

7 Disposer le pain grillé au fond d'une grande soupière ou répartir dans 4 assiettes à soupe chaudes, verser la soupe brûlante par-dessus, et garnir de gruyère râpé. Saler, poivrer selon son goût et servir immédiatement.

4 PERSONNES

2 cuil. à soupe d'huile d'olive
1 oignon, haché
450 g de champignons mélangés
    (cèpes, pleurotes, pholiotes...)
300 ml de lait
850 ml de bouillon de légumes, chaud
8 tranches de pain de campagne
    ou de baguette
2 gousses d'ail, hachées
50 g de beurre, fondu
75 g de gruyère, finement râpé
sel et poivre

VALEURS NUTRITIONNELLES
Calories *452* ; Glucides *47 g* ; Protéines *15 g* ;
Lipides *26 g* ; Acides gras saturés *12 g*

⭐⭐   facile
🕐   5 minutes
🕐   25 à 30 minutes

(🍴) **CONSEIL**

Les champignons absorbent l'eau, ce qui peut affadir leur goût et affecter leur cuisson. Il est préférable de les essuyer plutôt que de les rincer dans l'eau.

Les tomates olivettes sont parfaites pour la préparation des soupes et des sauces, leur chair est plus dense, et moins juteuse que les autres variétés.

Velouté *de* tomates *aux* fusillis

4 PERSONNES

4 cuil. à soupe de beurre
1 gros oignon, haché
600 ml de bouillon de légumes
900 g de tomates olivettes italiennes, pelées et grossièrement concassées
1 pincée de bicarbonate de soude
225 g de fusillis
sel et poivre
1 cuil. à soupe de sucre
150 ml de crème fraîche épaisse
feuilles de basilic frais, en garniture
croûtons frits, en accompagnement

1 Faire fondre le beurre dans une grande casserole à feu doux, ajouter l'oignon et faire revenir 3 minutes. Mouiller avec 150 ml du bouillon de légumes, incorporer les tomates concassées et le bicarbonate de soude, et porter le mélange à ébullition. Laisser mijoter 20 minutes.

2 Retirer la casserole du feu et laisser refroidir. Transférer la soupe dans un mixeur ou un robot de cuisine, mixer jusqu'à obtention d'une purée homogène, et passer au chinois au-dessus de la casserole.

3 Mouiller avec le reste du bouillon de légumes et ajouter les fusillis dans la casserole, en salant et en poivrant selon son goût.

4 Ajouter le sucre, porter la préparation à ébullition à feu moyen et réduire le feu. Laisser mijoter environ 15 minutes.

5 Verser la soupe dans 4 assiettes à soupe chaudes, verser la crème épaisse en formant une spirale et garnir avec les feuilles de basilic. Servir cette soupe immédiatement, accompagnée de croûtons.

VALEURS NUTRITIONNELLES

Calories *503*; Glucides *75 g* ; Protéines *9 g* ; Lipides *28 g* ; Acides gras saturés *17 g*

facile

5 minutes

50 à 55 minutes

CONSEIL

Pour une soupe à la tomate et aux carottes, utilisez moitié moins de bouillon de légumes que vous mélangerez avec le même volume de jus de carottes, et garnir de zeste d'orange.

Cette soupe est consistante et réconfortante, grâce notamment à la présence de riz, et de lanières d'agneau. Servez-la avant un plat de résistance léger.

Soupe d'agneau *au* riz

1 À l'aide d'un couteau tranchant, dégraisser soigneusement l'agneau, couper la viande en fines lanières, et réserver.

2 Porter une grande casserole d'eau légèrement salée à ébullition à feu moyen, ajouter le riz et porter de nouveau à ébullition en remuant une fois. Réduire le feu et laisser mijoter 10 à 15 minutes, jusqu'à ce que le riz soit tendre.

3 Égoutter le riz et le rincer à l'eau courante. Égoutter de nouveau et réserver.

4 Verser le bouillon d'agneau dans une grande casserole et porter à ébullition à feu moyen.

5 Ajouter les lanières d'agneau, le poireau, l'ail, la sauce de soja et le vinaigre, réduire le feu et laisser mijoter à couvert 10 minutes, jusqu'à ce que l'agneau soit tendre et parfaitement cuit.

6 Ajouter le champignon émincé et le riz et laisser mijoter 2 à 3 minutes jusqu'à ce que le tout soit parfaitement cuit. Verser la soupe dans 4 assiettes à soupe chaudes et servir immédiatement.

4 PERSONNES

150 g d'agneau maigre
50 g de riz
850 ml de bouillon d'agneau
1 poireau, émincé
1 gousse d'ail, finement émincée
2 cuil. à café de sauce de soja claire
1 cuil. à café de vinaigre de riz
1 gros champignon de Paris, finement émincé
sel

VALEURS NUTRITIONNELLES
Calories *116* ; Glucides *12,2 g* ; Protéines *9 g* ; Lipides *4 g* ; Acides gras saturés *2 g*

 CONSEIL

Vous pouvez remplacer le champignon de Paris par des champignons chinois séchés que vous réhydraterez selon les indications figurant sur leur emballage. Émincez-les et ajoutez-les à l'étape 5.

⭐⭐ facile
🕐 5 minutes
🕐 35 minutes

Les champignons chinois parfument intensément cette soupe, unique en son genre. Essayez de vous en procurer, à défaut, utilisez des champignons de couche émincés.

Soupe *de* poisson pimentée

4 PERSONNES

15 g de champignons chinois séchés
2 cuil. à soupe d'huile de tournesol
1 oignon, émincé
100 g de pois mange-tout
100 g de pousses de bambou, égouttées
3 cuil. à soupe de sauce au piment douce
3 cuil. à soupe de sauce de soja claire
1,2 l de fumet de poisson ou de bouillon de légumes
2 cuil. à soupe de coriandre fraîche, un peu plus en garniture (facultatif)
450 g de filet de cabillaud, sans la peau et coupé en cubes

1 Mettre les champignons dans une grande terrine, recouvrir d'eau bouillante et laisser tremper 5 minutes. Égoutter soigneusement et couper grossièrement à l'aide d'un couteau tranchant.

2 Faire chauffer à feu moyen l'huile de tournesol dans un wok préchauffé ou une grande casserole à fond épais, ajouter l'oignon et faire revenir 5 minutes, jusqu'à ce qu'il soit fondant.

3 Ajouter les pois mange-tout, les pousses de bambou, la sauce au piment et la sauce de soja, mouiller avec le fumet et porter à ébullition à feu moyen.

4 Réduire le feu, ajouter la coriandre et le poisson, et faire cuire 5 minutes, jusqu'à ce que le cabillaud soit bien cuit.

5 Verser la soupe dans 4 assiettes à soupe chaudes, garnir éventuellement d'un peu de coriandre et servir immédiatement.

VALEURS NUTRITIONNELLES
Calories *238* ; Glucides *4,6 g*; Protéines *21,4 g* ; Lipides *7,2 g* ; Acides gras saturés *1 g*

⭐⭐ facile

🕐 10 minutes

🕐 20 minutes

 CONSEIL

Il existe de nombreuses variétés de champignons séchés mais les meilleurs sont les shiitake. Ils sont assez chers mais on les utilise en petite quantité.

Deux ingrédients courants de la cuisine chinoise, le crabe et le gingembre, sont mélangés dans cette recette pour une soupe très originale. La sauce de soja claire est utilisée pour ne pas altérer les autres saveurs.

Soupe *de* crabe *au* gingembre

1 Mettre la carotte, le poireau, la feuille de laurier et le fumet de poisson dans une grande casserole, porter à ébullition à feu moyen et réduire le feu. Couvrir et laisser frémir environ 10 minutes, jusqu'à ce que les légumes soient presque tendres.

2 Entre-temps, retirer la chair des crabes, casser les pinces et les réserver. Casser les articulations des pattes et retirer la chair à l'aide d'une fourchette ou d'une brochette. Ajouter la chair de crabe à la casserole.

3 Ajouter le gingembre, la sauce de soja et l'anis étoilé au fumet de poisson chaud, porter de nouveau à ébullition à feu moyen, et laisser frémir environ 10 minutes, jusqu'à ce que les légumes soient tendres et le crabe bien chaud. Saler et poivrer selon son goût.

4 Verser dans 4 assiettes à soupe chaudes et servir immédiatement.

4 PERSONNES

1 carotte, hachée
1 poireau, haché
1 feuille de laurier
850 ml de fumet de poisson
2 crabes de poids moyen, cuits
1 morceau de gingembre frais de 2,5 cm, râpé
1 cuil. à café de sauce de soja claire
½ cuil. à café d'anis étoilé en poudre
sel et poivre

VALEURS NUTRITIONNELLES
Calories *145* ; Glucides *5,1 g*; Protéines *40 g* ;
Lipides *5,7 g* ; Acides gras saturés *2,6 g*

 CONSEIL

Vous pouvez remplacer le crabe frais par de la chair de crabe en boîte ou surgelée.

 facile

 15 minutes

25 minutes

De fines lanières
de poulet et des mini-épis
de maïs agrémentent
cette soupe claire originale,
assaisonnée d'une touche
de gingembre.

Soupe *de* poulet *au* curry

4 PERSONNES

1 boîte de 175 g de maïs, égoutté
850 ml de bouillon de poulet
350 g de filets de poulet cuits, coupés
    en lanières
16 mini-épis de maïs
1 cuil. à café de poudre de curry
1 morceau de 1 cm de gingembre frais, râpé
3 cuil. à soupe de sauce de soja claire
2 cuil. à soupe de ciboulette ciselée

1 Dans un robot de cuisine, mixer le maïs avec 550 ml de bouillon de poulet jusqu'à obtention d'une purée homogène.

2 Passer la purée obtenue au chinois en pressant avec le dos d'une cuillère pour écraser d'éventuels grumeaux.

3 Verser le reste du bouillon de poulet dans une grande casserole, ajouter les lanières de poulet, et incorporer la purée de maïs.

4 Incorporer les mini-épis de maïs, porter la soupe à ébullition à feu moyen, et laisser cuire 10 minutes.

5 Ajouter la poudre de curry, le gingembre et la sauce de soja, bien mélanger et laisser cuire encore 10 à 15 minutes.

6 Incorporer la ciboulette ciselée, verser la soupe dans 4 assiettes à soupe chaudes et servir immédiatement.

VALEURS NUTRITIONNELLES
Calories *206* ; Glucides *18 g* ; Protéines *29 g* ;
Lipides *5 g* ; Acides gras saturés *1 g*

⭐⭐ facile

  5 minutes

  30 minutes

🍳 **CONSEIL**

Vous pouvez préparer la soupe jusqu'à 24 heures à l'avance sans y incorporer le poulet. Laissez refroidir, couvrez et réfrigérez. Vous n'aurez plus qu'à ajouter le poulet et à réchauffer la soupe.

Proposez cette soupe lors d'un déjeuner ou d'un dîner, vous pouvez la préparer avec les légumes que vous avez sous la main. Les enfants adorent les petites pâtes.

Bouillon *de* poulet *aux* pâtes

1 À l'aide d'un couteau tranchant, retirer la peau du poulet et couper en fines lanières.

2 Faire chauffer l'huile dans une grande casserole à feu moyen, ajouter le poulet et les légumes, et faire revenir, jusqu'à ce qu'ils soient légèrement dorés.

3 Mouiller avec le bouillon, ajouter les fines herbes et porter à ébullition à feu moyen. Ajouter les pâtes, porter de nouveau à ébullition et couvrir. Laisser mijoter 10 minutes, en remuant de temps en temps pour éviter que les pâtes ne s'agrègent.

4 Saler et poivrer selon son goût. Verser dans 4 assiettes à soupes chaudes, saupoudrer éventuellement de parmesan et servir immédiatement avec du pain frais.

4 PERSONNES

350 g de blanc de poulet, sans la peau
2 cuil. à soupe d'huile de tournesol
1 oignon moyen, coupé en dés
250 g de carottes, coupées en dés
250 g de chou-fleur, en fleurettes
850 ml de bouillon de poulet
2 cuil. à café de mélange de fines herbes séchées
125 g de petites pâtes
sel et poivre
parmesan, fraîchement râpé, pour saupoudrer (facultatif)
pain frais, en accompagnement

 CONSEIL

Utilisez pour cette soupe n'importe quel type de petites pâtes – des conchigliette ou des ditalini, par exemple, ou même des spaghettis coupés en morceaux. Pour une soupe qui amusera les enfants, ajoutez des pâtes en forme de lettres ou d'animaux.

VALEURS NUTRITIONNELLES
Calories *185* ; Glucides *25 g* ; Protéines *17 g* ; Lipides *5 g* ; Acides gras saturés *1 g*

 facile

5 minutes

15 à 20 minutes

Cette soupe consistante peut être dégustée en plat principal. Vous pouvez y ajouter du riz et du poivron pour la rendre encore plus copieuse et colorée.

Soupe *de* poulet *au* poireau

4   PERSONNES

25 g de beurre
350 g de blanc de poulet, sans la peau et coupé en cubes
350 g de poireau, coupé en tronçons de 2,5 cm
1,2 l de bouillon de poulet
1 bouquet garni en sachet
sel et poivre blanc
8 pruneaux dénoyautés

1 Faire fondre le beurre dans une grande casserole à fond épais à feu moyen, ajouter le poulet et le poireau et faire cuire 8 minutes, en remuant de temps en temps.

2 Mouiller avec le bouillon, ajouter le bouquet garni et bien mélanger. Saler et poivrer selon son goût.

3 Porter la soupe à ébullition à feu moyen, réduire le feu et laisser mijoter 45 minutes.

4 Ajouter les pruneaux à la casserole, laisser mijoter 20 minutes, et jeter le bouquet garni. Verser dans 4 assiettes à soupe chaudes et servir.

VALEURS NUTRITIONNELLES
Calories *183* ; Glucides *8 g* ; Protéines *21 g* ; Lipides *9 g* ; Acides gras saturés *5 g*

 très facile

 5 minutes

1 h 15

🍳 **CONSEIL**

Vous pouvez remplacer le bouquet garni en sachet par un bouquet d'herbes aromatiques fraîches attachées avec une ficelle. Optez pour des herbes telles que le persil, le thym et le romarin.

Une soupe à la riche saveur de haddock à laquelle la purée de pommes de terre et la crème fraîche donnent de la consistance.

Soupe *de* haddock

1 Mettre le poisson, l'ail et l'oignon et l'eau dans une grande casserole à fond épais, porter à ébullition à feu moyen, et réduire le feu. Couvrir et laisser mijoter 15 à 20 minutes.

2 Retirer le poisson de la casserole, ôter soigneusement la peau et les arêtes, et émietter finement la chair à l'aide d'une fourchette.

3 Remettre la peau et les arêtes dans le jus de cuisson, laisser mijoter environ 10 minutes et filtrer. Jeter la peau et les arêtes et verser le jus de cuisson dans une casserole.

4 Ajouter le lait et la chair du poisson, saler et poivrer selon son goût. Porter à ébullition à feu moyen et laisser cuire environ 3 minutes.

5 Incorporer progressivement la purée de pommes de terre en fouettant, jusqu'à obtention d'une soupe assez épaisse, incorporer le beurre et assaisonner de jus de citron selon son goût.

6 Ajouter le fromage blanc et 3 cuillerées à soupe de persil haché, réchauffer doucement et rectifier l'assaisonnement si nécessaire. Verser dans 4 assiettes à soupe chaudes, parsemer du persil restant et servir immédiatement.

4 PERSONNES

225 g de filets de haddock
1 gousse d'ail, hachée
1 oignon, finement haché
600 ml d'eau
600 ml de lait écrémé
sel et poivre
225 à 350 g de purée de pommes de terre, chaude
30 g de beurre
1 cuil. à soupe de jus de citron
6 cuil. à soupe de fromage blanc allégé
4 cuil. à soupe de persil frais haché

VALEURS NUTRITIONNELLES
Calories *169* ; Glucides *24 g* ; Protéines *16 g* ;
Lipides *5 g* ; Acides gras saturés *3 g*

⭐⭐ facile

  25 minutes

  40 minutes

Une soupe consistante
à base de légumes,
de haricots et de lard
qui met l'eau à la bouche.
Accompagnez-la de pain
complet croustillant.

Soupe *de* haricots *au* lard *et à* l'ail

4 PERSONNES

225 g de tranches de lard fumé maigre
1 carotte, coupée en fines rondelles
1 branche de céleri, finement émincée
1 oignon, haché
1 cuil. à soupe d'huile
3 gousses d'ail, émincées
700 ml de bouillon de légumes, chaud
200 g de tomates concassées en boîte
1 cuil. à soupe de thym frais haché
400 g de haricots blancs en boîte, égouttés
1 cuil. à soupe de concentré de tomates
sel et poivre
gruyère ou emmental fraîchement râpé,
  en garniture

1 Hacher 2 tranches de lard, mettre dans une petite terrine, et faire cuire 3 à 4 minutes au four à micro-ondes à puissance maximale, en remuant à mi-cuisson, jusqu'à ce que la graisse ait fondu et que le lard soit bien cuit. Transférer dans une assiette chemisée de papier absorbant et laisser refroidir. Froids, les morceaux doivent être secs et croustillants.

2 Mettre la carotte, le céleri, l'oignon et l'huile dans une grande terrine, couvrir et faire cuire 4 minutes au four à micro-ondes à puissance maximale.

3 Hacher le reste de lard et mettre dans la terrine avec l'ail, couvrir et faire cuire encore 2 minutes à puissance maximale.

4 Ajouter le bouillon, les tomates concassées, le thym, les haricots blancs et le concentré de tomates, couvrir et faire cuire 8 minutes à puissance maximale, en remuant le mélange à mi-cuisson. Saler et poivrer selon son goût. Verser la soupe dans 4 grandes assiettes à soupe chaudes, parsemer d'un peu de lard croustillant et de fromage râpé, et servir immédiatement.

VALEURS NUTRITIONNELLES
Calories *261* ; Glucides *30 g* ; Protéines *32 g* ;
Lipides *8 g* ; Acides gras saturés *2 g*

⭐⭐ facile

🕐 5 minutes

🕐 20 minutes

 CONSEIL

Pour une soupe plus consistante ajoutez 55 g de petites pâtes ou de spaghettis cassés en petits tronçons, avec le bouillon et les tomates. Vous aurez alors besoin d'ajouter 150 ml de bouillon de légumes supplémentaire.

Cette soupe nourrissante est préparée avec des lentilles rouges et des carottes, et est enrichie par un mélange d'épices parfumé.

Soupe *de* lentilles *et de* carottes épicée

1 Mettre les lentilles, 850 ml de bouillon, les carottes, les oignons, les tomates et l'ail dans une grande casserole à fond épais, porter à ébullition à feu moyen et couvrir. Laisser mijoter 30 minutes, jusqu'à ce que les légumes et les lentilles soient tendres.

2 Pendant ce temps, faire chauffer à feu doux le ghee ou l'huile dans une petite casserole, faire revenir le cumin, la coriandre en poudre, le piment et le curcuma 1 minute, et retirer la casserole du feu. Incorporer le jus de citron et saler selon son goût.

3 Transférer la soupe dans un robot de cuisine, et mixer en plusieurs fois, jusqu'à ce que le mélange soit homogène, remettre la soupe dans la casserole, et ajouter les épices et le reste de bouillon. Laisser mijoter 10 minutes à feu doux.

4 Mouiller avec le lait, goûter et rectifier l'assaisonnement si nécessaire. Incorporer la coriandre hachée, réchauffer la soupe et verser dans 4 assiettes à soupe chaudes. Servir chaud avec une volute de yaourt nature.

4 PERSONNES

125 g de lentilles rouges, rincées et égouttées
1,2 l de bouillon de légumes
350 g de carottes, coupées en rondelles
2 oignons, hachés
225 g de tomates concassées en boîte
2 gousses d'ail, hachées
2 cuil. à soupe de ghee (beurre clarifié) ou d'huile
1 cuil. à café de cumin en poudre
1 cuil. à café de coriandre en poudre
1 piment vert frais, épépiné et haché ou 1 cuil. à café et piment haché
½ cuil. à café de curcuma
1 cuil. à soupe de jus de citron
sel
300 ml de lait écrémé
2 cuil. à soupe de coriandre fraîche hachée
yaourt nature, en accompagnement

VALEURS NUTRITIONNELLES
Calories *173* ; Glucides *35 g* ; Protéines *9 g* ; Lipides *5 g* ; Acides gras saturés *1 g*

 très facile

 15 minutes

 45 minutes

Cette soupe aux lentilles
à la fois bénéfique
et savoureuse fera
un excellent repas
pour une froide journée
d'hiver.

Soupe *aux* lentilles épicée

4 PERSONNES

115 g de lentilles rouges
2 cuil. à café d'huile
1 gros oignon, finement haché
2 gousses d'ail, hachées
1 cuil. à café de cumin en poudre
1 cuil. à café de coriandre en poudre
1 cuil. à café de garam masala
2 cuil. à soupe de concentré de tomates
1 litre de bouillon de légumes
350 g de maïs en boîte, égoutté
sel et poivre

Accompagnement
yaourt nature maigre
persil frais haché
pains pita chauds

1 Verser les lentilles dans une passoire, rincer soigneusement à l'eau courante, et égoutter. Réserver.

2 Faire chauffer l'huile dans une grande poêle antiadhésive à feu moyen, ajouter l'oignon et l'ail, et faire cuire à feu doux, jusqu'à ce qu'ils soient fondants mais sans laisser dorer.

3 Incorporer le cumin, la coriandre, le garam masala, le concentré de tomate et 4 cuillerées à soupe de bouillon de légumes, bien mélanger et faire cuire 2 minutes à feu doux.

4 Verser les lentilles dans la poêle, mouiller avec le reste de bouillon, et porter à ébullition à feu moyen. Réduire le feu, couvrir et cuire à feu doux environ 1 heure, jusqu'à ce que les lentilles soient tendres, et la soupe épaisse. Incorporer le maïs et faire cuire 5 minutes. Saler et poivrer selon son goût.

5 Verser la soupe dans 4 assiettes à soupe chaudes, garnir chaque assiette avec 1 cuillerée de yaourt et parsemer de persil haché. Servir immédiatement, accompagné des pains pita chauds.

VALEURS NUTRITIONNELLES
Calories *155* ; Glucides *26 g* ; Protéines *11 g* ;
Lipides *3 g* ; Acides gras saturés *0,4 g*

★★ facile

 1 heure

 1 h 15

CONSEIL

Un grand nombre des pains « exotiques » prêts à l'emploi contiennent des matières grasses ou sont badigeonnés d'huile avant la cuisson. Prenez soin de vérifier la teneur en matières grasses sur l'emballage avant achat.

Une soupe qui vous réchauffera en hiver avec ses morceaux de bœuf fondants et ses légumes cuits dans un bouillon aromatisé au xérès sec.

Soupe *de* pommes de terre *au* bœuf

1 Faire chauffer l'huile dans une grande casserole à feu moyen, et faire revenir les lanières de bœuf 3 minutes, sans cesser de remuer.

2 Ajouter les pommes de terre, la carotte, les poireaux et le céleri, et faire cuire encore 5 minutes, sans cesser de remuer.

3 Mouiller avec le bouillon de bœuf, porter à ébullition à feu moyen et réduire le feu jusqu'à ce que le liquide frémisse. Ajouter les mini-épis de maïs et le bouquet garni.

4 Laisser cuire encore 20 minutes, jusqu'à ce que la viande et les légumes soient tendres.

5 Jeter le bouquet garni, incorporer le xérès dans la soupe, saler et poivrer selon son goût.

6 Verser dans 4 assiettes à soupe chaudes, parsemer de persil haché et servir immédiatement accompagné de pain frais.

4 PERSONNES

2 cuil. à soupe d'huile
225 g de bœuf maigre à braiser ou de bifteck, coupé en lanières
225 g de pommes de terre nouvelles, coupées en deux
1 carotte, coupée en dés
2 branches de céleri, émincées
2 poireaux, émincés
850 ml de bouillon de bœuf
8 épis de mini-épis de maïs, coupés en rondelles
1 bouquet garni en sachet
2 cuil. à soupe de xérès sec
sel et poivre
persil frais haché, en garniture
pain frais, en accompagnement

VALEURS NUTRITIONNELLES
Calories *187* ; Glucides *15 g* ; Protéines *14 g* ;
Lipides *9 g* ; Acides gras saturés *2 g*

 CONSEIL

Vous pouvez doubler les quantités et congeler la moitié pour un usage ultérieur. Il suffira alors de placer votre barquette de soupe au réfrigérateur, jusqu'à ce qu'elle soit décongelée avant de la réchauffer et de la servir brûlante.

⭐⭐ facile

🕐 5 minutes

🕐 35 minutes

Les soupes thaïlandaises ont l'avantage d'être très rapides et très simples à réaliser, elles préservent le goût de chaque ingrédient qui les compose.

Soupe *de* champignons *au* gingembre

4 PERSONNES

15 g de champignons chinois déshydratés
  ou 125 g de champignons de Paris
1 litre de bouillon de légumes, chaud
125 g de fines nouilles aux œufs chinoises
2 cuil. à café d'huile d'olive
3 gousses d'ail, hachées
1 morceau de gingembre frais de 2,5 cm,
  finement haché
1 cuil. à café de sauce de soja claire
125 g de germes de soja
feuilles de coriandre, en garniture

1 Faire tremper au moins 30 minutes les champignons déshydratés dans 300 ml de bouillon de légumes chaud, retirer les pieds, et émincer les chapeaux. Égoutter les champignons déshydratés et réserver le liquide de trempage.

2 Porter une grande casserole d'eau à ébullition à feu moyen, ajouter les nouilles et faire cuire 2 à 3 minutes. Égoutter, rincer et réserver.

3 Faire chauffer l'huile dans un wok préchauffé ou une sauteuse à feu vif, incorporer l'ail et le gingembre, et ajouter les champignons. Faire cuire 2 minutes.

4 Mouiller avec le bouillon de légumes et le liquide de trempage réservé, porter à ébullition à feu moyen, et incorporer la sauce de soja.

5 Incorporer les germes de soja et laisser cuire jusqu'à ce qu'ils soient tendres. Répartir un peu de nouilles dans 4 bols et verser la soupe par-dessus. Servir immédiatement, garni de quelques feuilles de coriandre.

VALEURS NUTRITIONNELLES
Calories *74* ; Glucides *10 g* ; Protéines *3 g* ;
Lipides *3 g* ; Acides gras saturés *0,4 g*

⭐⭐ facile
 1 h 30
 15 minutes

👨‍🍳 **CONSEIL**

Si vous suivez un régime pauvre en graisse, vous pouvez remplacer les nouilles aux œufs par du vermicelle de riz. Ils ne contiennent aucune matière grasse et sont donc tout à fait adaptés.

Les jeunes branches d'épinards entières donnent de la couleur à cette soupe originale. À servir chaude, accompagnée de pain frais pour un repas léger mais nourrissant.

Soupe d'épinards *au* yaourt

1 Verser le bouillon dans une grande casserole, saler et poivrer selon son goût. Porter à ébullition à feu moyen, ajouter le riz et laisser cuire à feu doux 10 minutes, jusqu'à ce qu'il soit à peine cuit. Retirer la casserole du feu.

2 Délayer la maïzena dans l'eau jusqu'à obtention d'une pâte lisse. Verser le yaourt dans une autre casserole et incorporer la pâte de maïzena. Placer la casserole à feu doux et porter lentement le yaourt à ébullition, en remuant toujours dans le même sens à l'aide d'une cuillère en bois, cela empêchera le yaourt de s'écrémer ou de cailler au contact du bouillon chaud. Quand le yaourt est arrivé à ébullition, laisser mijoter doucement à feu très doux 10 minutes, retirer la casserole du feu et laisser refroidir quelques instants avant d'incorporer les jaunes d'œufs.

3 Verser le mélange à base de yaourt dans le bouillon, incorporer le jus de citron et remuer pour bien mélanger le tout. Maintenir à température sans laisser bouillir.

4 Faire blanchir les feuilles d'épinards lavées et égouttées dans une grande casserole d'eau bouillante salée 2 à 3 minutes, jusqu'à ce qu'elles commencent à ramollir mais sans les laisser flétrir. Verser les épinards dans une passoire, bien égoutter et incorporer à la soupe. Réchauffer les épinards, goûter et rectifier l'assaisonnement si nécessaire. Verser dans 4 assiettes à soupe peu profondes et servir immédiatement.

4 PERSONNES

600 ml de bouillon de poulet
60 g de riz long grain, rincé et égoutté
1 cuil. à soupe de maïzena
4 cuil. à soupe d'eau
600 ml de yaourt nature maigre
3 jaunes d'œufs, légèrement battus
jus d'un citron
350 g de jeunes épinards, lavés et égouttés
sel et poivre

VALEURS NUTRITIONNELLES
Calories *227* ; Glucides *42 g* ; Protéines *14 g* ; Lipides *7 g* ; Acides gras saturés *2 g*

⭐⭐⭐ difficulté moyenne

🕐 15 minutes

🕐 30 minutes

Des légumes verts constituent la base de cette soupe copieuse, relevée de coriandre. De fines rondelles de poireau apportent la touche finale en donnant plus de texture.

Potage *du* jardinier

4 PERSONNES

40 g de beurre
1 oignon, haché
1 ou 2 gousses d'ail, hachées
1 gros poireau
225 g de choux de Bruxelles
125 g de haricots verts ou de haricots mange-tout
1,2 l de bouillon de légumes
125 g de petits pois surgelés
1 cuil. à soupe de jus de citron
½ cuil. à café de coriandre en poudre
sel et poivre
4 cuil. à soupe de crème fraîche épaisse

toasts
4 à 6 tranches de pain de mie

1 Faire fondre le beurre dans une casserole à feu doux, ajouter l'oignon et l'ail, et faire revenir à feu doux, en remuant de temps en temps, jusqu'à ce qu'ils soient fondants, sans laisser dorer.

2 Émincer finement le blanc du poireau, réserver et couper le reste du poireau et les choux de Bruxelles en rondelles et les haricots en fins tronçons.

3 Ajouter le vert du poireau, les choux de Bruxelles et les haricots dans la casserole, mouiller avec le bouillon et porter à ébullition à feu moyen. Laisser mijoter 10 minutes, ajouter les petits pois, le jus de citron et la coriandre, saler et poivrer. Laisser mijoter 10 à 15 minutes, jusqu'à ce que les légumes soient tendres.

4 Laisser la soupe tiédir, transférer dans un mixeur ou un robot de cuisine et mixer jusqu'à obtention d'un mélange homogène, ou passer à travers un chinois en appuyant avec le dos d'une cuillère. Verser le tout dans une nouvelle casserole.

5 Ajouter les rondelles de poireau réservées, porter de nouveau à ébullition et laisser cuire environ 5 minutes, jusqu'à ce que le poireau soit tendre. Rectifier l'assaisonnement, incorporer la crème épaisse et réchauffer à feu doux.

6 Pour les toasts, faire griller les tranches de pain des deux côtés au gril préchauffé à haute température, couper les tranches dans leur épaisseur, et faire griller les faces blanches jusqu'à ce que les tranches s'incurvent. Servir immédiatement avec la soupe.

VALEURS NUTRITIONNELLES
Calories *169* ; Glucides *13 g* ; Protéines *4 g* ; Lipides *13 g* ; Acides gras saturés *5 g*

 difficulté moyenne
10 minutes
 45 minutes

Cette soupe au rouge profond fera une entrée étonnante, facile à préparer au four à micro-ondes. Une spirale de crème aigre sera du plus bel effet.

Soupe *de* betterave *et* pommes de terres

1 Mettre l'oignon, les pommes de terre, la pomme et l'eau dans une grande terrine, couvrir et faire cuire au four à micro-ondes à puissance maximale 10 minutes.

2 Incorporer les graines de cumin et faire cuire 1 minute à puissance maximale.

3 Incorporer la betterave, la feuille de laurier, le thym, le jus de citron et le bouillon de légumes chaud, couvrir et faire cuire à puissance maximale 12 minutes, en remuant à mi-cuisson. Laisser reposer à découvert 5 minutes.

4 Jeter la feuille de laurier. Passer les légumes et réserver le liquide.

5 Mixer les légumes avec une petite quantité du liquide réservé dans un robot de cuisine ou un mixeur jusqu'à obtention d'une purée homogène et crémeuse, ou réduire les légumes en purée à l'aide un presse-purée, ou les filtrer à travers un chinois en appuyant avec le dos d'une cuillère.

6 Verser la purée de légumes dans une terrine avec le liquide réservé, bien mélanger, saler et poivrer selon son goût. Couvrir et faire cuire à puissance maximale 4 à 5 minutes, jusqu'à ce que la soupe soit brûlante.

7 Verser la soupe dans 4 assiettes à soupe chaudes, dessiner une volute dans chaque assiette avec une cuillerée à soupe de crème aigre, et garnir de quelques brins d'aneth frais.

4 P E R S O N N E S

1 oignon, haché
350 g de pommes de terre, coupées en dés
1 petite pomme, épluchée, évidée et râpée
3 cuil. à soupe d'eau
1 cuil. à café de graines de cumin
500 g de betterave cuite, épluchée et coupée en dés
1 feuille de laurier
1 pincée de thym déshydraté
1 cuil. à café de jus de citron
600 ml de bouillon de légumes, chaud
sel et poivre
4 cuil. à soupe de crème aigre
brins d'aneth frais, en garniture

VALEURS NUTRITIONNELLES
Calories *120* ; Glucides *33 g* ; Protéines *4 g* ; Lipides *2 g* ; Acides gras saturés *1 g*

⭐⭐   facile

    20 minutes

    30 minutes

en-cas *et* hors-d'œuvre

Souvent, les légumes verts sont trop cuits et insipides ; toutes leur propriétés et leurs saveurs se sont évaporées à la cuisson. Quant aux salades, elles consistent fréquemment en une ou deux pâles feuilles de laitue, une tranche de tomate et une rondelle d'oignon sèche. Choisissez de tirer parti de la merveilleuse gamme de produits frais que l'on trouve dans le commerce ou sur les marchés.

Cuisinez le brocoli et le chou à la vapeur pour qu'ils restent colorés et gardent leur croquant. Appréciez les nuances appétissantes des poivrons orange et jaunes et de l'étonnant pourpre foncé de l'aubergine. Testez les légumes-racines – carottes et daikon ou mooli – pour ajouter de la saveur et de la texture aux garnitures ou aux ragoûts. Essayez les salades rouges et frisées pour apporter une touche originale dans une salade estivale. Utilisez de petites tomates douces en salades et en brochettes, et cueillez dans votre jardin ou vos jardinières des brins de menthe fraîches et des feuilles de basilic.

Les amateur d'ail vont raffoler de ce plat à l'arôme très puissant. Servez-le lors d'une soirée barbecue, et trempez-y des crudités ou des morceaux de pain.

Mousse *à* l'ail *et au* tahini

4 PERSONNES

2 têtes d'ail
6 cuil. à soupe d'huile d'olive
1 petit oignon, finement haché
2 cuil. à soupe de jus de citron
3 cuil. à soupe de tahini (pâte de sésame)
2 cuil. à soupe de persil frais haché
sel et poivre
1 brin de persil italien, en garniture

accompagnement
légumes crus frais
pain frais ou pain pita chaud

1 Séparer les têtes d'ail en gousses, disposer sur une plaque de four et cuire au four préchauffé, à 210 °C (th. 7), 8 à 10 minutes. Laisser refroidir quelques minutes.

2 Une fois qu'elles ont assez refroidi pour être manipulées, peler les gousses d'ail et les émincer finement à l'aide d'un couteau tranchant.

3 Faire chauffer l'huile d'olive dans une casserole ou une poêle à feu doux, ajouter l'oignon et l'ail, et faire revenir 8 à 10 minutes, en remuant de temps en temps, jusqu'à ce qu'ils soient tendres. Retirer la casserole ou la poêle du feu.

4 Mélanger le jus de citron, le tahini et le persil haché, saler et poivrer selon son goût. Transférer le mélange dans une petite terrine résistant à la chaleur et réserver au chaud pendant la préparation des légumes.

5 Garnir d'un brin de persil et servir avec des légumes crus frais et des morceaux de pain frais ou du pain pita chaud.

VALEURS NUTRITIONNELLES
Calories *344* ; Glucides *5 g* ; Protéines *6 g* ;
Lipides *34 g* ; Acides gras saturés *5 g*

 très facile

15 minutes

20 minutes

(😋) **CONSEIL**

Vous pouvez utiliser de l'ail confit ; dans ce cas, il est inutile de le faire rôtir au four (supprimez donc l'étape 1). Cette sauce peut également accompagner des hamburgers végétariens.

Ce pâté au fromage est aromatisé à l'ail et aux fines herbes. Proposez de fines tranches de pain grillé, coupées en triangles pour obtenir une entrée savoureuse.

Pâté *au* fromage *à* l'ail *et* fines herbes

1 Faire fondre le beurre dans une poêle à feu doux, ajouter l'ail et les oignons verts, et faire revenir 3 à 4 minutes. Laisser refroidir.

2 Battre le fromage frais dans une grande terrine de façon à l'homogénéiser, incorporer l'ail et les oignons verts, et ajouter les fines herbes. Bien mélanger.

3 Ajouter le gruyère ou l'emmental, saler et poivrer selon son goût. Travailler le mélange, jusqu'à obtention d'une pâte ferme, couvrir et mettre au réfrigérateur jusqu'au moment de servir.

4 Faire griller les tranches de pain des deux côtés, retirer la croûte, et, à l'aide d'un couteau à pain, couper les tranches dans l'épaisseur de façon à obtenir des tranches très fines. Couper les tranches en triangles, et faire dorer le côté non toasté au gril préchauffé à haute température.

5 Répartir le mesclun dans 4 assiettes avec les tomates cerises, mettre le pâté de fromage par-dessus et saupoudrer d'un peu de paprika. Garnir de brins de persil et servir avec les toasts.

4 PERSONNES

15 g de beurre
1 gousse d'ail, hachée
3 oignons verts, finement hachés
125 g de fromage frais
2 cuil. à soupe de mélange de fines herbes hachées (persil, ciboulette, origan, basilic, etc.)
175 g de gruyère fort ou d'emmental, finement râpé
sel et poivre
4 à 6 tranches de pain blanc d'épaisseur moyenne

garniture
paprika en poudre
4 brins de persil plat frais

accompagnement
mesclun
tomates cerises

VALEURS NUTRITIONNELLES
Calories *392* ; Glucides *19 g* ; Protéines *17 g* ; Lipides *28 g* ; Acides gras saturés *18 g*

 facile

20 minutes

 10 minutes

Ce délicieux pâté de poisson fumé est fruité, grâce à la présence des groseilles à maquereau, qui s'associent à merveille à la saveur du poisson.

Pâté *de* poisson *et* pommes de terre

4 PERSONNES

650 g de pommes de terre farineuses, épluchées et coupées en dés
300 g de maquereau fumé, sans la peau et émietté
75 g de groseilles à maquereau, cuites
2 cuil. à café de jus de citron
2 cuil. à soupe de crème aigre allégée
1 cuil. à soupe de câpres, égouttées
1 cornichon, haché
1 cuil. à soupe de pickles marinés hachés
1 cuil. à soupe d'aneth frais haché
sel et poivre
quartiers de citron, en garniture
pain croustillant chaud, en accompagnement

1 Porter à ébullition une casserole d'eau, ajouter les pommes de terre et faire cuire 10 minutes, jusqu'à ce qu'elles soient tendres. Bien égoutter.

2 Mettre les pommes de terre dans un robot de cuisine, ajouter les miettes de maquereau et mixer 30 secondes, jusqu'à obtention d'une consistance homogène, ou réduire les ingrédients en purée dans une terrine, à l'aide d'une fourchette.

3 Ajouter les groseilles à maquereau cuites, le jus de citron et la crème aigre, et mixer 10 secondes ou réduire en purée à l'aide d'une fourchette.

4 Incorporer les câpres, le cornichon, les pickles et l'aneth, saler et poivrer selon son goût.

5 Transférer dans un saladier, garnir de quartiers de citron et servir avec des toasts ou du pain croustillant chaud.

VALEURS NUTRITIONNELLES
Calories *418* ; Glucides *36 g* ; Protéines *18 g* ; Lipides *25 g* ; Acides gras saturés *6 g*

 facile

20 minutes

10 minutes

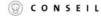 CONSEIL

Vous pouvez utiliser des groseilles à maquereau en boîte ou en bocal pour gagner du temps ou quand ce n'est pas la saison.

Les lentilles rouges cassées utilisées dans cette recette épicée ne nécessitent aucun trempage préalable. Si vous utilisez d'autres variétés de lentilles, il faudra prévoir un trempage et une précuisson selon les instructions figurant sur le paquet.

Pâté *de* lentilles

1 Faire chauffer l'huile dans une casserole à feu moyen, ajouter l'oignon et l'ail, et faire revenir 2 à 3 minutes, sans cesser de remuer. Ajouter les épices et cuire encore 30 secondes. Mouiller avec le bouillon, ajouter les lentilles, et porter à ébullition. Réduire le feu, laisser mijoter 20 minutes, jusqu'à ce que les lentilles soient cuites et tendres, et retirer du feu. Égoutter soigneusement.

2 Verser le mélange obtenu dans un robot de cuisine, ajouter l'œuf, le lait, le chutney à la mangue et le persil, et mixer jusqu'à obtention d'une préparation homogène.

3 Huiler un moule de 0,50 l, verser le mélange en lissant la surface, et couvrir. Cuire au four préchauffé, à 200 °C (th. 6-7), 40 à 45 minutes, jusqu'à ce que le pâté soit ferme au toucher.

4 Laisser refroidir 20 minutes dans le moule et réfrigérer. Démouler sur un plat de service, couper en tranches et garnir de brins de persil . Servir accompagné de salade verte et de toasts chauds.

4 PERSONNES

1 cuil. à soupe d'huile, un peu plus pour graisser
1 oignon, haché
2 gousses d'ail, hachées
1 cuil. à café de garam masala
½ cuil. à café de coriandre en poudre
850 ml de bouillon de légumes
175 g de lentilles rouges, lavées
1 petit œuf
2 cuil. à soupe de lait
2 cuil. à soupe de chutney à la mangue
2 cuil. à soupe de persil frais haché
brins de persil frais, en garniture

accompagnement
salade verte
toasts chauds

VALEURS NUTRITIONNELLES
Calories *267* ; Glucides *49 g* ; Protéines *14 g* ; Lipides *8 g* ; Acides gras saturés *1 g*

⭐⭐ facile
🕐 25 minutes
🕐 1 h 15

 CONSEIL

Vous pouvez également aromatiser cette terrine avec du piment en poudre ou de la poudre de cinq-épices ou remplacer le chutney de mangue par des achards de tomate ou de piment.

Le tzatziki est une
préparation grecque à base
de yaourt, de menthe
et de concombre, il garnira
superbement des pains
pitas chauds.

Tzatziki *et* tapenade

4 PERSONNES
½ concombre
225 g de yaourt nature
1 cuil. à soupe de menthe fraîche hachée
sel et poivre
4 pains pita

tapenade
2 gousses d'ail, hachées
125 g d'olives noires dénoyautées
4 cuil. à soupe d'huile d'olive
2 cuil. à soupe de jus de citron
1 cuil. à soupe de persil haché

garniture
1 brin de menthe fraîche
1 brin de persil frais

1 Pour le tzatziki, éplucher et hacher grossièrement le concombre. Saupoudrer de sel, laisser dégorger 15 à 20 minutes et rincer à l'eau courante. Égoutter soigneusement.

2 Mélanger le concombre avec le yaourt et la menthe. Saler, poivrer et verser le tzatziki dans un plat creux. Couvrir et réfrigérer 20 à 30 minutes.

3 Pour la tapenade, mettre l'ail haché et les olives dans un mixeur ou un robot de cuisine et mixer 15 à 20 secondes ou hacher très finement.

4 Ajouter l'huile d'olive, le jus de citron et le persil dans le mixeur ou robot de cuisine, et mixer quelques secondes, ou ajouter ces ingrédients aux olives hachées et à l'ail et réduire en purée. Saler et poivrer selon son goût.

5 Envelopper les pains pita dans du papier d'aluminium et faire cuire sur la grille d'un barbecue 2 à 3 minutes, en les retournant une fois pour que chaque côté chauffe. À défaut, faire chauffer au four préchauffé ou passer au gril préchauffé à haute température. Couper en morceaux et servir avec le tzatziki et la tapenade, garnis de brins de menthe et de persil.

VALEURS NUTRITIONNELLES
Calories *381* ; Glucides *60 g* ; Protéines *11 g* ;
Lipides *15 g* ; Acides gras saturés *2 g*

 très facile

1 heure

 3 minutes

 CONSEIL

Saupoudrer le concombre de sel et le laisser dégorger, rend le concombre plus croquant. Si vous êtes pressé, vous pouvez omettre cette étape.

L'houmous est particulièrement savoureux accompagné de toast aillés, pour constituer une délicieuse entrée ou un plat de résistance pour un déjeuner léger.

Toasts *à* l'houmous *et aux* olives

1 Pour l'houmous, égoutter soigneusement les pois chiches et réserver 2 à 3 cuillerées à soupe du jus. Verser les pois chiches et le liquide dans un robot de cuisine et mixer en ajoutant progressivement le reste de jus réservé et le jus de citron. Mixer soigneusement après chaque ajout, jusqu'à obtenir une pâte onctueuse.

2 Incorporer le tahini et l'huile d'olive, en réservant 1 cuillerée à café d'huile, et ajouter l'ail. Saler et poivrer selon son goût et mixer de nouveau, jusqu'à obtention d'une préparation homogène.

3 Verser l'houmous dans un plat de service, verser le reste d'huile d'olive en filet et laisser refroidir au réfrigérateur pendant la préparation des toasts.

4 Pour les toasts aillés, disposer les tranches de pain en une seule couche sur une grille.

5 Mélanger l'ail, la coriandre et l'huile d'olive, en arroser les tranches de pain, et passer au gril préchauffé à haute température 2 à 3 minutes, jusqu'à ce que le pain soit bien doré en retournant une fois. Garnir l'houmous de coriandre hachée et d'olives, et servir avec les toasts.

4 PERSONNES
400 g de pois chiches en boîte
jus d'un citron
6 cuil. à soupe de tahini (pâte de sésame)
2 cuil. à soupe d'huile d'olive
2 gousses d'ail, hachées
sel et poivre

toasts aillés
1 ciabatta, coupée en tranches
2 gousses d'ail, hachées
1 cuil. à soupe de coriandre fraîche hachée
4 cuil. à soupe d'huile d'olive

garniture
1 cuil. à soupe de coriandre fraîche hachée
6 olives noires dénoyautées

VALEURS NUTRITIONNELLES
Calories *731* ; Glucides *41 g* ; Protéines *22 g* ; Lipides *55 g* ; Acides gras saturés *8 g*

⭐⭐⭐ difficulté moyenne
  15 minutes
  3 minutes

Ces légumes méditerranéens colorés, marinés, constituent une entrée originale. Servez-les avec du pain frais ou des toasts à la tomate (*voir* ci-dessous).

Poivronade

4 PERSONNES

1 oignon
2 poivrons rouges
2 poivrons jaunes
3 cuil. à soupe d'huile d'olive
2 grosses courgettes, coupées en rondelles
2 gousses d'ail, émincées
1 cuil. à soupe de vinaigre balsamique
50 g de filets d'anchois en boîte, hachés
25 g d'olives noires dénoyautées, coupées
  en deux
sel et poivre
1 cuil. à soupe de basilic frais haché
4 brins de basilic frais, en garniture

toasts à la tomate
1 baguette de pain
1 gousse d'ail, hachée
1 tomate fraîche, pelées et concassée
2 cuil. à soupe d'huile d'olive

1 À l'aide d'un couteau tranchant, couper l'oignon en tranches. Évider, épépiner les poivrons et les couper en larges lanières.

2 Faire chauffer l'huile dans une poêle à fond épais à feu doux, ajouter l'oignon, les poivrons, les courgettes et l'ail, et faire cuire 20 minutes, en remuant de temps en temps.

3 Ajouter le vinaigre, les anchois, les olives ,le basilic, saler et poivrer selon son goût. Mélanger soigneusement et laisser refroidir.

4 Pour les toasts à la tomate, couper la baguette en biais en tranches de 1 cm d'épaisseur.

5 Mélanger l'ail, la tomate et 1 cuillerée à soupe d'huile, saler et poivrer selon son goût. Arroser légèrement chaque tranche de pain.

6 Disposer les tranches de pain sur une plaque de four, arroser d'un peu d'huile et faire griller au four préchauffé, à 220 °C (th. 7-8), 5 à 10 minutes. Répartir la salade dans 4 assiettes, garnir avec les brins de basilic et servir avec les toasts à la tomate.

VALEURS NUTRITIONNELLES
Calories *234* ; Glucides *19 g* ; Protéines *6 g* ;
Lipides *17 g* ; Acides gras saturés *2 g*

 ✪✪✪ difficulté moyenne

5 à 10 minutes

35 minutes

Ce plat toscan, préparé avec des tomates bien mûres et de l'huile d'olive vierge extra de qualité supérieure, sera absolument délicieux.

Bruschetta *aux* tomates

1 À l'aide d'un couteau tranchant, couper les tomates cerises en deux.

2 À l'aide d'un couteau tranchant, couper les tomates séchées au soleil en lanières.

3 Mettre toutes les tomates dans une terrine, ajouter l'huile d'olive et les feuilles de basilic ciselées et bien mélanger. Saler légèrement et poivrer selon son goût.

4 Griller légèrement les tranches de ciabatta au gril préchauffé à haute température.

5 À l'aide d'un couteau tranchant, couper les gousses d'ail en deux, frotter le côté coupé de l'ail sur les deux faces du pain grillé.

6 Transférer le pain grillé sur un grand plat de service ou sur 4 assiettes chaudes, garnir du mélange de tomates et servir immédiatement.

4 PERSONNES

300 g de tomates cerises
4 tomates séchées au soleil
4 cuil. à soupe d'huile d'olive vierge extra
16 feuilles de basilic frais, ciselées
sel et poivre
8 tranches de ciabatta
2 gousses d'ail

VALEURS NUTRITIONNELLES
Calories *308* ; Glucides *40 g* ; Protéines *7 g* ;
Lipides *15 g* ; Acides gras saturés *2 g*

★★★ difficulté moyenne
🕐 10 minutes
🕐 5 minutes

 CONSEIL

La ciabatta est un pain de campagne italien à la mie aérée et assez molle. Elle convient parfaitement à cette recette car elle absorbe bien la saveur de l'ail et de l'huile d'olive vierge extra.

Cette rafraîchissante
salade multicolore est
délicieuse tout au long
de l'année. Le prosciutto,
utilisé ici est peut-être
le meilleur jambon
du monde.

Salade *de* figues *au* prosciutto

4 PERSONNES

40 g de roquette
4 figues fraîches
4 tranches de prosciutto
4 cuil. à soupe d'huile d'olive
1 cuil. à soupe de jus d'orange fraîchement
    pressé
1 cuil. à soupe de miel liquide
1 petit piment rouge frais

1 Couper les feuilles de roquette en petits morceaux, et disposer dans 4 grandes assiettes.

2 À l'aide d'un couteau tranchant, couper chaque figue en quatre et disposer les quartiers sur la roquette.

3 À l'aide d'un couteau tranchant, couper le prosciutto en lanières et disposer sur les figues et la roquette.

4 Mettre l'huile, le jus d'orange et le miel dans un shaker, secouer pour émulsifier le mélange en une sauce épaisse, et transférer dans une petite terrine.

5 À l'aide d'un couteau tranchant, couper le piment en dés, en veillant à ne pas se toucher le visage avant de s'être lavé les mains (*voir* « conseil »), ajouter dans la sauce et bien mélanger.

6 Arroser le prosciutto, la roquette et les figues avec la sauce, en remuant pour bien mélanger, et servir immédiatement.

VALEURS NUTRITIONNELLES
Calories *121* ; Glucides *12 g* ; Protéines *1 g* ;
Lipides *11 g* ; Acides gras saturés *2 g*

 très facile

 15 minutes

5 minutes

 CONSEIL

Le piment peut irriter la peau des doigts, plusieurs heures après avoir été coupé, aussi, il est conseillé de porter des gants quand vous manipulez des piments forts.

Les fritures sont populaires dans tout le Bassin méditerranéen, où les produits de la mer sont frais et facilement disponibles. Vous pouvez accompagner ce plat d'un aïoli et de quartiers de citron.

Friture *de la* mer

1 Rincer soigneusement les calmars, les crevettes et la blanchaille à l'eau courante pour enlever toutes impuretés.

2 À l'aide d'un couteau tranchant, couper les calmars en anneaux, en laissant les tentacules entières, et réserver.

3 Faire chauffer l'huile dans une grande casserole à 180 à 190 °C, un dé de pain doit y dorer en 30 secondes.

4 Mettre la farine dans une grande terrine avec le basilic, saler et poivrer selon son goût.

5 Rouler les calmars, les crevettes et la blanchaille dans la farine pour bien les enrober, et secouer délicatement pour enlever l'excédent.

6 Faire cuire en plusieurs fois dans l'huile chaude 2 à 3 minutes, jusqu'à ce que la friture soit croustillante et dorée, retirer à l'aide d'une écumoire et égoutter soigneusement sur du papier absorbant.

7 Disposer la friture dans 4 grandes assiettes et servir accompagné d'aïoli (*voir* « conseil »).

4 PERSONNES

200 g de calmar préparé
200 g de grosses crevettes crues, décortiquées
150 g de blanchaille (ou petite friture)
huile, pour la friture
50 de farine
1 cuil. à café de basilic déshydraté
sel et poivre
aïoli (*voir* « conseil »)

VALEURS NUTRITIONNELLES
Calories *393* ; Glucides *12,2 g* ; Protéines *27 g* ; Lipides *26 g* ; Acides gras saturés *3 g*

 facile
5 minutes
 15 minutes

🍳 **CONSEIL**

Pour un aïoli, émincez 2 gousses d'ail, incorporez dans 8 cuillerées à soupe de mayonnaise et assaisonnez de sel, de poivre et d'un peu de persil haché. Couvrez et réservez au réfrigérateur.

Cette soupe de moules mijotées avec du vin blanc, des oignons et de la crème, peut être servie comme hors-d'œuvre, ou, accompagnée de pâtes, comme plat de résistance.

Moules marinière

4 PERSONNES

environ 3 litres de moules fraîches
50 g de beurre
1 gros oignon, très finement haché
2 ou 3 gousses d'ail, hachées
350 ml de vin blanc sec
150 ml d'eau
2 cuil. à soupe de jus de citron
1 bonne pincée de zeste de citron finement râpé
1 bouquet garni en sachet
sel et poivre
1 cuil. à soupe de farine
4 cuil. à soupe de crème fraîche liquide ou épaisse
2 à 3 cuil. à soupe de persil frais haché
pain frais, en accompagnement

VALEURS NUTRITIONNELLES

Calories 396 ; Glucides 10 g ; Protéines 23 g ; Lipides 24 g ; Acides gras saturés 15 g

 difficulté moyenne

5 à 10 minutes

25 minutes

1 Ébarber les moules et bien les gratter environ 5 minutes sous l'eau courante pour enlever le sable, et autres parasites. Jeter les moules qui ne se ferment pas lorsqu'on les manipule.

2 Dans une grande casserole, faire fondre la moitié du beurre à feu doux, ajouter l'oignon et l'ail, et faire cuire, jusqu'à ce qu'ils soient fondants mais sans laisser dorer.

3 Ajouter le vin blanc, l'eau, le jus et le zeste de citron, et le bouquet garni, saler et poivrer selon son goût. Porter à ébullition à feu doux, couvrir et laisser mijoter 4 à 5 minutes.

4 Verser les moules dans la casserole, couvrir hermétiquement et laisser mijoter 5 minutes, en secouant fréquemment la casserole, jusqu'à ce que les moules soient ouvertes. Jeter celles qui restent fermées ainsi que le bouquet garni.

5 Retirer la moitié de coquille vide des moules. Mélanger le reste de beurre avec la farine, ajouter au jus de cuisson, et laisser mijoter 2 à 3 minutes à feu doux, pour faire épaissir légèrement.

6 Ajouter la crème fraîche et la moitié du persil haché dans la sauce, faire chauffer à feu doux, et rectifier l'assaisonnement si nécessaire. Répartir les moules et la sauce dans 4 assiettes creuses chaudes, parsemer de persil et servir avec du pain frais chaud.

Les sandwiches sont toujours les bienvenus comme en-cas mais peuvent devenir lassants. Ces petits pain garnis de poivrons grillés et de fromage sont irrésistibles.

Petits pains *à* l'italienne

1 Ouvrir les pains. Faire chauffer l'huile d'olive et l'ail dans une casserole à feu doux, verser ce mélange sur les pains et laisser reposer.

2 Couper les poivrons en deux, épépiner, et passer 8 à 10 minutes au gril, côté peau vers le haut, jusqu'à ce qu'ils commencent à noircir. Retirer les poivrons du four, mettre dans un sac en plastique. Une fois qu'il sont assez froids pour être manipulés, retirer la peau et couper la chair en fines lanières.

3 Disposer les rondelles de radis sur une moitié de chaque pain avec quelques feuilles de roquette, napper de fromage frais, ajouter les poivrons et recouvrir avec l'autre moitié du pain. Servir immédiatement.

4 PERSONNES

4 petites ciabatta
2 cuil. à soupe d'huile d'olive
1 gousse d'ail, hachée

garniture
1 poivron rouge
1 poivron vert
1 poivron jaune
4 radis, coupés en rondelles
175 g de roquette
100 g de fromage frais

VALEURS NUTRITIONNELLES
Calories *328* ; Glucides *40 g* ; Protéines *8 g* ;
Lipides *19 g* ; Acides gras saturés *9 g*

  facile

15 minutes

10 minutes

CONSEIL

Si vous n'aimez pas le goût du poivron vert, remplacez-le par un poivron orange.

Le pak-choi est une variété de chou chinois. Dans cette recette, il est frit, salé et agrémenté de pignons.

Croustillant *de* pak-choi

4 PERSONNES

1 kg de pak-choi
850 d'huile d'arachide, pour la friture
1 cuil. à café de sel
1 cuil. à soupe de sucre
2 cuil. à soupe ½ de pignons grillés

1 Rincer les feuilles de pak-choi à l'eau courante, et les sécher soigneusement avec du papier absorbant.

2 Jeter les feuilles extérieures dures, rouler les autres feuilles de pak-choi et couper les rouleaux en fines tranches afin d'obtenir de minces lanières de feuilles. Cette opération peut également se faire à l'aide d'un robot de cuisine.

3 Faire chauffer l'huile dans une sauteuse ou un wok préchauffé à feu moyen.

4 Ajouter délicatement les lanières de pak-choi et les faire revenir 30 secondes jusqu'à ce qu'elles réduisent et deviennent croustillantes (en fonction de la taille du wok ou de la sauteuse, il peut être nécessaire de les faire cuire en plusieurs fois).

5 Retirer les croustillants de pak-choi de la sauteuse ou du wok à l'aide d'une écumoire et égoutter sur du papier absorbant.

6 Transférer le croustillant de pak-choi dans un grand saladier, ajouter le sel, le sucre et les pignons, bien mélanger. Transférer dans 4 assiettes et servir immédiatement.

VALEURS NUTRITIONNELLES
Calories *214* ; Glucides *29 g* ; Protéines *6 g* ; Lipides *15 g* ; Acides gras saturés *2 g*

⭐ très facile
🕐 10 minutes
🕐 5 minutes

👨‍🍳 **CONSEIL**

Veillez à n'utiliser que les plus belles feuilles du pak-choi car les feuilles extérieures dures risquent de modifier le goût et l'aspect général du plat.

Vous pouvez vous procurer de la polenta dans la plupart des supermarchés ou dans les magasins d'alimentation diététiques. Jaune, elle sert de liant dans cette recette.

Beignets *de* maïs épicés

1 Mettre le maïs, les piments, l'ail, les feuilles de lime kafir, la coriandre, l'œuf et la polenta dans une grande terrine et bien mélanger.

2 Ajouter les haricots verts et bien mélanger à l'aide d'une cuillère en bois.

3 Façonner de petites boules avec le mélange, les aplatir entre les paumes des mains pour former de petites galettes.

4 Faire chauffer un peu d'huile d'arachide dans une sauteuse ou un wok préchauffé, faire cuire plusieurs beignets à la fois en les retournant de temps en temps, jusqu'à ce que leur surface devienne brune et croustillante.

5 Retirer les beignets de la sauteuse ou du wok à l'aide d'une écumoire, et laisser égoutter sur du papier absorbant pendant la cuisson des autres beignets.

6 Transférer les beignets sur 4 assiettes chaudes et servir immédiatement.

4 PERSONNES

225 g de maïs en conserve ou surgelé
2 piments rouges thaïlandais, épépinés et finement hachés
2 gousses d'ail, hachées
10 feuilles de lime kafir, finement hachées
2 cuil. à soupe de coriandre fraîche hachée
1 gros œuf
75 g de polenta
100 g de haricots verts fins, coupés en fines rondelles
huile d'arachide, pour la friture

VALEURS NUTRITIONNELLES
Calories *213* ; Glucides *36 g* ; Protéines *5 g* ;
Lipides *8 g* ; Acides gras saturés *1 g*

 facile

5 minutes

15 minutes

Ce hors-d'œuvre chinois peut également être proposé lors d'une soirée, mais veillez à ce qu'il y en ait pour tout le monde car il remporte un franc succès.

Toasts de porc *au* sésame

4 PERSONNES

250 g de porc maigre
250 g de crevettes crues, décortiquées et déveinées
4 oignons verts, parés
1 gousse d'ail, hachée
1 cuil. à soupe de feuilles et de brins de coriandre fraîche hachées
1 cuil. à soupe de sauce de poisson thaïe
1 œuf
sel et poivre
8 à 10 tranches épaisses de pain de mie
3 cuil. à soupe de graines de sésame
150 ml d'huile

garniture
brins de coriandre fraîche
½ poivron rouge, coupé en fines lanières

1 Mettre le porc, les crevettes, les oignons verts, l'ail, la coriandre hachée, la sauce de poisson et l'œuf dans un robot de cuisine, saler et poivrer selon son goût. Mixer quelques secondes pour hacher finement le mélange, transférer dans une terrine. Ou, hacher finement le porc, les crevettes et les oignons, et ajouter l'ail, la coriandre hachée, la sauce de poisson et l'œuf battu. Saler, poivrer selon son goût et bien mélanger.

2 Étaler la préparation obtenue en couche épaisse sur les tranches de pain, en tartinant jusqu'aux bords. Retirer les croûtes et recouper chaque tranche en 4 carrés ou triangles.

3 Parsemer généreusement chaque toast de graines de sésame.

4 Faire chauffer l'huile dans une sauteuse ou un wok à feu moyen, ajouter quelques toasts et faire griller environ 2 minutes, sur la face garnie, jusqu'à ce qu'ils soient dorés. Retourner et faire griller l'autre côté environ 1 minute.

5 Retirer les toasts de la sauteuse ou du wok, égoutter sur du papier absorbant et répéter l'opération avec les autres toasts. Disposer les toasts dans un plat de service, garnir avec des brins de coriandre fraîche et des lanières de poivron rouge, et servir.

VALEURS NUTRITIONNELLES
Calories *674* ; Glucides *35 g* ; Protéines *33 g* ;
Lipides *46 g* ; Acides gras saturés *7 g*

 ⭐⭐ facile

🕐 5 minutes

🕐 35 minutes

Des bouchées de poulet sont marinées dans un mélange de jus de citron vert, d'ail, d'huile de sésame et de gingembre frais, qui les parfume délicatement.

Poulet *au* sésame *et au* gingembre

1 Pour la marinade, mettre dans une grande terrine non métallique l'ail, l'échalote, l'huile de sésame, la sauce de poisson ou la sauce de soja, le zeste et le jus de citron ou de citron vert, les graines de sésame, le gingembre et la menthe, saler et poivrer légèrement. Remuer pour bien mélanger tous les ingrédients.

2 Retirer la peau des blancs de poulet, la jeter et, à l'aide d'un couteau tranchant, couper la viande en dés.

3 Mettre les dés de poulet dans la marinade, en remuant pour bien les enrober, couvrir de film alimentaire et mettre au moins 2 heures au réfrigérateur, pour que la viande s'imprègne bien des arômes.

4 Piquer les morceaux de poulet sur des brochettes en bois préalablement trempées, mettre les brochettes dans une lèchefrite et les arroser de la marinade.

5 Faire cuire les brochettes 8 à 10 minutes au gril préchauffé à haute température, en les retournant fréquemment et en les arrosant avec le reste de marinade.

6 Mettre les brochettes de poulet dans un grand plat de service, garnir d'un brin de menthe et servir immédiatement avec une sauce.

4 PERSONNES

500 g de blancs de poulet
1 brin de menthe fraîche, en garniture
sauce, en accompagnement

marinade

1 gousse d'ail, hachée
1 échalote, très finement hachée
2 cuil. à soupe d'huile de sésame
1 cuil. à soupe de sauce de poisson thaïe
   ou de sauce de soja claire
zeste finement râpé d'un citron vert
   ou d'un demi-citron
2 cuil. à soupe de jus d'un citron vert
   ou d'un demi-citron
1 cuil. à café de graines de sésame
2 cuil. à café de gingembre frais finement
   râpé
2 cuil. à café de menthe fraîche hachée
sel et poivre

VALEURS NUTRITIONNELLES

Calories *204* ; Glucides *1 g* ; Protéines *28 g* ;
Lipides *10 g* ; Acides gras saturés *2 g*

 facile

 2 h 15

 10 minutes

🍲 **CONSEIL**

Ces kébabs de poulet seront d'autant plus délicieux si vous les trempez dans une sauce forte au piment.

Pour un meilleur résultat utilisez de grosses crevettes tigrées crues non-décortiquées. Elles mesurent entre 7 et 10 cm chacune, et vous devrez en compter 18 à 20, soit environ 500 g.

Crevettes poivre *et* sel épicées

4 PERSONNES

500 g de crevettes crues non décortiquées, décongelées si nécessaire
1 cuil. à soupe de sauce de soja claire
1 cuil. à café d'alcool de riz ou de xérès sec
2 cuil. à café de maïzena
300 ml d'huile, pour la friture
2 ou 3 oignons verts, en garniture

mélange sel-poivre épicé
1 cuil. à soupe de sel
1 cuil. à café de grains de poivre du Sichuan moulus
1 cuil. à café de poudre de cinq-épices

1 Retirer les pattes des crevettes, en conservant la carapace intacte, et sécher soigneusement avec du papier absorbant.

2 Mettre les crevettes dans une terrine avec la sauce de soja, l'alcool de riz et la maïzena, enrober les crevettes du mélange et couvrir. Laisser mariner 25 à 30 minutes au réfrigérateur.

3 Pour le mélange sel-poivre épicé, mélanger le sel avec le poivre du Sichuan et la poudre de cinq-épices dans une petite terrine, faire griller le mélange à sec dans une poêle 3 à 4 minutes à feu doux, sans cesser de remuer pour empêcher le mélange de brûler, et retirer du feu. Laisser refroidir.

4 Faire chauffer l'huile dans un wok préchauffé ou une grande sauteuse à feu vif, jusqu'à ce qu'elle commence à fumer, faire frire les crevettes, en plusieurs fois, jusqu'à ce qu'elles soient bien dorées, et retirer du wok à l'aide d'une écumoire. Égoutter sur du papier absorbant.

5 Mettre les oignons verts dans une petite terrine, verser 1 cuillerée à soupe d'huile chaude et laisser reposer 30 secondes. Mettre les crevettes dans un grand plat de service et garnir avec les oignons verts. Servir les crevettes avec le mélange sel-poivre épicé, pour pouvoir les y tremper.

VALEURS NUTRITIONNELLES
Calories *160* ; Glucides *0,7 g* ; Protéines *17 g* ; Lipides *10 g* ; Acides gras saturés *1 g*

 difficulté moyenne
35 minutes
 20 minutes

🍳 CONSEIL

En Chine, le mélange sel-poivre épicé grillé, à base de poivre du Sichuan, est utilisé pour y tremper les fritures. Parfois le poivre est d'abord frit, puis moulu. La friture à sec permet d'exhaler les arômes.

Servez ce plat en entrée, ou comme amuse-gueule à l'apéritif, simplement tartiné sur des crostini, disponibles dans toutes les épiceries italiennes.

Crostini *alla* fiorentina

1 Faire chauffer l'huile dans une poêle à feu doux, ajouter l'oignon, le céleri, la carotte et l'ail, et faire revenir 4 à 5 minutes.

2 Rincer les foies de volaille et les sécher avec du papier absorbant. Rincer l'autre sorte de foie et le sécher de la même façon. Couper les foies en lanières, mettre dans la poêle et faire revenir quelques minutes, jusqu'à ce que les lanières soient saisies sur toute leur surface.

3 Mouiller avec la moitié du vin et laisser cuire jusqu'à ce qu'il soit presque complètement évaporé. Ajouter le concentré de tomates, la moitié du persil, les filets d'anchois, mouiller avec le reste de vin, le bouillon ou l'eau, et assaisonner d'un peu de sel et de poivre selon son goût.

4 Couvrir la poêle et laisser mijoter 15 à 20 minutes, en remuant de temps en temps, jusqu'à ce que la préparation soit tendre et le liquide presque absorbé.

5 Laisser tiédir et réduire la préparation en une purée grossière, ou mettre dans un robot de cuisine et mixer jusqu'à obtention d'une purée grumeleuse.

6 Reverser la préparation dans la poêle, ajouter le beurre, les câpres et le reste du persil, faire cuire jusqu'à ce que le beurre fonde. Rectifier l'assaisonnement si nécessaire et verser la préparation dans une terrine. Garnir de persil haché et servir chaud ou froid tartiné sur des tranches de pain grillé.

4 PERSONNES

3 cuil. à soupe d'huile d'olive
1 oignon, haché
1 branche de céleri, hachée
1 carotte, hachée
1 ou 2 gousses d'ail, hachées
125 g de foies de volaille
125 g de foie de veau, d'agneau ou de porc
150 ml de vin rouge
1 cuil. à soupe de concentré de tomates
2 cuil. à soupe de persil frais haché
3 ou 4 filets d'anchois en boîte, finement hachés
2 cuil. à soupe de bouillon ou d'eau
sel et poivre
25 à 40 g de beurre
1 cuil. à soupe de câpres, égouttées
persil frais haché, en garniture
tranches de pain grillé, en accompagnement

VALEURS NUTRITIONNELLES
Calories *393* ; Glucides *21 g* ; Protéines *17 g* ; Lipides *25 g* ; Acides gras saturés *9 g*

⭐⭐⭐ difficulté moyenne
 10 minutes
40 à 45 minutes

Des lanières de bœuf
ou de poulet marinées sont
préparées en brochettes,
grillées et servies avec
une sauce pimentée
aux cacahuètes.

Bœuf *ou* poulet satay

6 PERSONNES

4 blancs de poulet sans la peau,
    ou 750 g de rumsteck paré
tranches de citron vert, en accompagnement

marinade
1 petit oignon, finement haché
1 gousse d'ail, hachée
1 morceau de gingembre frais de 2,5 cm, râpé
2 cuil. à soupe de sauce de soja épaisse
2 cuil. à café de poudre de piment
1 cuil. à café de coriandre en poudre
2 cuil. à café de sucre roux
1 cuil. à soupe de jus de citron
    ou de citron vert
1 cuil. à soupe d'huile

sauce
300 ml de lait de coco
4 cuil. à soupe de beurre de cacahuètes
    avec des éclats de cacahuètes
1 cuil. à soupe de sauce de poisson thaïe
1 cuil. à café de jus de citron ou de citron vert
sel et poivre

VALEURS NUTRITIONNELLES
Calories *314* ; Glucides *18 g* ; Protéines *32 g* ;
Lipides *16 g* ; Acides gras saturés *4 g*

 difficulté moyenne

 2 h 15

15 minutes

1 À l'aide d'un couteau tranchant, dégraisser le bœuf ou le poulet et couper la viande en fines lanières d'environ 7,5 cm de long.

2 Pour la marinade, mélanger les ingrédients dans une terrine peu profonde, ajouter la viande et remuer pour bien l'enrober de marinade. Couvrir de film alimentaire et mettre au moins 2 heures au réfrigérateur, si possible une nuit entière.

3 Retirer la viande de la marinade et piquer les morceaux, en les repliant sur eux-mêmes, sur des fines brochettes en bois ou en bambou prétrempées.

4 Faire cuire les brochettes 8 à 10 minutes au gril préchauffé à température assez élevée, en les retournant et en les badigeonnant de marinade de temps en temps, jusqu'à ce qu'elles soient bien cuites.

5 Pour la sauce, mettre le lait de coco dans une casserole avec le beurre de cacahuètes, la sauce de poisson et le jus de citron, et mélanger. Porter à ébullition à feu doux et laisser cuire 3 minutes. Saler et poivrer selon son goût.

6 Verser la sauce dans une petite terrine et servir avec les brochettes et des tranches de citron vert.

Voici une recette qui peut être préparée à la hâte, elle se réalise en quelques minutes avec des ingrédients usuels.

Pâtes, sauce *aux* anchois

1 Faire chauffer 5 cuillerées à soupe d'huile dans une petite casserole à feu moyen, ajouter l'ail et faire revenir 3 minutes.

2 Réduire le feu, incorporer les anchois et faire revenir, en remuant de temps en temps, jusqu'à ce que les anchois se délitent.

3 Porter à ébullition une casserole d'eau légèrement salée à feu moyen, ajouter les pâtes avec l'huile d'olive restante, et laisser cuire 8 à 10 minutes, jusqu'à ce que les pâtes soient al dente.

4 Ajouter le pistou et l'origan dans la préparation à base d'anchois, saler et poivrer selon son goût.

5 Égoutter les pâtes à l'aide d'une écumoire, transférer dans un plat de service chaud, et verser la sauce sur les pâtes. Saupoudrer de parmesan râpé.

6 Garnir de brins d'origan frais et servir immédiatement, éventuellement avec un peu de parmesan.

4 PERSONNES

6 cuil. à soupe d'huile d'olive
2 gousses d'ail, hachées
55 g de filets d'anchois en boîte, égouttés
450 g de spaghettis
55 g de pistou
2 cuil. à soupe d'origan frais finement haché
sel et poivre
85 g de parmesan, fraîchement râpé, un peu plus en accompagnement (facultatif)
2 brins d'origan frais, en garniture

VALEURS NUTRITIONNELLES
Calories *712* ; Glucides *85 g* ; Protéines *25 g* ; Lipides *34 g* ; Acides gras saturés *8 g*

⊛⊛⊛ difficulté moyenne
🕐 10 minutes
🕐 25 minutes

CONSEIL

Si vous trouvez les filets d'anchois en boîte trop salés, trempez-les 5 minutes dans du lait, rincez et séchez avec du papier absorbant. Le lait absorbe le sel.

Poissons *et* fruits de mer

Les poissons et les fruits de mer que nous offrent les rivières et les océans du monde constituent une richesse incroyable d'espèces et de saveurs variées. Chaque pays accommode sa pêche locale avec ses herbes et ses épices spécifiques, créant ainsi une variété immense de plats différents. Toutes les recettes de ce chapitre sont délicieuses et se préparent facilement. Non seulement le poisson et les fruits de mer cuisent très rapidement, mais ils ont également de nombreuses vertus nutritionnelles : naturellement pauvres en matières grasses, mais riches en minéraux et en protéines, ils sont essentiels à une alimentation bien équilibrée.

Les superbes recttes de ce chapitre démontrent la richesse des fruits de mer et du poisson. Sont inclus des variantes modernes de recettes traditionnelles telles que le gratin de pâtes aux crevettes et la truite au lard fumé, ainsi que des saveurs plus exotiques avec le chow mein de fruits de mer et le cabillaud à l'indienne.

Il y a profusion de produits maritimes en Italie, et chaque région possède sa propre recette pour la salade de fruits de mer. Ici, il faut la préparer à l'avance, car elle doit être placée plusieurs heures au frais avant d'être servie.

Salade *de* fruits de mer

4 PERSONNES

600 ml d'eau
150 ml de vin blanc sec
175 g d'anneaux de calmar, décongelés
225 g de merlu ou baudroie, coupés en dés
16 à 20 moules, grattées et ébarbées
20 palourdes dans leur coquille, grattées.
125 à 175 g de crevettes crues, décortiquées
3 ou 4 oignons verts, émincés (facultatif)
feuilles de trévise et de frisée, pour servir
quartiers de citron, en garniture

Assaisonnement

6 cuil. à soupe d'huile d'olive
1 cuil. à soupe de vinaigre de vin
sel et poivre
2 cuil. à soupe de persil frais haché
1 ou 2 gousses d'ail, hachées

Aïoli

5 cuil. à soupe de mayonnaise bien ferme
2 ou 3 cuil. à soupe de fromage blanc
2 gousses d'ail, hachées
1 cuil. à soupe de câpres, égouttées
2 cuil. à soupe de persil frais haché

VALEURS NUTRITIONNELLES

Calories 471 ; Glucides 6 g ; Protéines 34 g ;
Lipides 33 g ; Acides gras saturés 5 g

⭐⭐⭐ difficulté moyenne
 45 à 55 minutes
🕐 20 à 22 minutes

1 Verser l'eau et le vin dans une grande casserole et porter à ébullition à feu doux, ajouter les anneaux de calmar et faire cuire 5 minutes, jusqu'à ce qu'ils soient presque tendres. Ajouter le poisson et cuire encore 7 à 8 minutes. Réserver les calmars et le poisson, et filtrer le bouillon dans une casserole.

2 Porter le bouillon à ébullition à feu moyen, ajouter les moules et les palourdes, couvrir et laisser frémir 5 minutes, jusqu'à ouverture des coquillages. Jeter les moules qui restent fermées. Égoutter, ôter les chairs des coquilles et verser dans un saladier avec les calmars et le poisson. Ajouter les crevettes et éventuellement les oignons verts.

3 Mélanger l'huile d'olive, le vinaigre, l'ail et le persil, saler et poivrer selon son goût. Ajouter aux fruits de mer, bien mélanger et couvrir. Réserver plusieurs heures au réfrigérateur.

4 Verser les ingrédients de l'aïoli dans une terrine, bien mélanger et couvrir. Réserver au réfrigérateur jusqu'au moment de servir.

5 Disposer les feuilles de trévise et de chicorée frisée sur 4 assiettes et verser plusieurs cuillerées de salade au centre de chaque assiette. Garnir de quartiers de citron et servir accompagné d'aïoli.

🍳 CONSEIL

Si vous le souhaitez, vous pouvez remplacer les palourdes cuites par des coques et les moules cuites par des noix de Saint-Jacques.

L'association des poivrons rôtis et des moules fait de ce plat une entrée parfaite, ou un déjeuner léger pour une journée estivale. Accompagnez-le de quantité de pain frais.

Salade *de* moules

1 Mettre les poivrons, côté peau vers le haut, sur une léchefrite, et faire cuire 8 à 10 minutes au gril préchauffé à haute température, jusqu'à ce que la peau soit noircie et cloquée, et la chair tendre. Retirer du four à l'aide de pinces, mettre dans une terrine et couvrir de film alimentaire. Laisser refroidir environ 10 minutes, et enlever la peau.

2 Couper la chair des poivrons en fines lanières, mettre dans une terrine, et incorporer délicatement les moules décortiquées.

3 Pour la vinaigrette, battre l'huile avec le jus et le zeste de citron, le miel, la moutarde et la ciboulette dans une terrine pour émulsifier. Saler, poivrer selon son goût, et ajouter les moules et les poivrons, en remuant jusqu'à ce qu'ils soient enrobés de sauce.

4 Retirer le cœur de la trévise, couper les feuilles en très fines lanières et mélanger à la roquette dans un saladier.

5 Verser la préparation aux moules et aux poivrons sur la salade, disposer les moules vertes non-décortiquées autour du saladier, et garnir avec le zeste de citron. Servir accompagné de pain frais.

4 PERSONNES

2 gros poivrons rouges, épépinés et coupés en deux
350 g de moules cuites décortiquées, décongelées si nécessaire
1 trévise
25 g de roquette
8 moules vertes cuites dans leur coquille
lanières de zeste de citron, en garniture
pain frais, en accompagnement

vinaigre

1 cuil. à soupe d'huile d'olive
1 cuil. à soupe de jus de citron
1 cuil. à café de zeste de citron finement râpée
2 cuil. à café de miel
1 cuil. à café de moutarde de Dijon
1 cuil. à soupe de ciboulette ciselée
sel et poivre

VALEURS NUTRITIONNELLES
Calories *181* ; Glucides *14,8 g* ; Protéines *18 g* ; Lipides *10,4 g* ; Acides gras saturés *3 g*

  facile

15 minutes

10 minutes

Cette recette est à base de flageolets, de courgettes et de tomates cuits brièvement dans une sauce aigre-douce, avant d'être mélangés au thon.

Salade *de* thon aigre-douce

4 PERSONNES

2 cuil. à soupe d'huile d'olive
1 oignon, haché
2 gousses d'ail, hachées
2 courgettes, coupées en rondelles
4 tomates, pelées
400 g de flageolets en boîte, égouttés et rincés
10 olives noires dénoyautées, coupées en deux
1 cuil. à soupe de câpres, égouttées
1 cuil. à café de sucre
1 cuil. à soupe de moutarde à l'ancienne
1 cuil. à soupe de vinaigre de vin blanc
200 g de thon en boîte, égoutté
2 cuil. à soupe de persil frais haché, un peu plus en garniture
pain frais, en accompagnement

1 Faire chauffer l'huile dans une grande poêle à fond épais à feu doux, ajouter l'oignon et l'ail, et faire revenir 5 minutes, en remuant de temps en temps, jusqu'à ce qu'ils soient fondants mais sans laisser dorer.

2 Ajouter les rondelles de courgettes et faire revenir encore 3 minutes, en remuant de temps en temps.

3 Couper les tomates en deux puis en fins quartiers.

4 Ajouter les tomates, les flageolets, les olives, les câpres, le sucre, la moutarde et le vinaigre dans la poêle.

5 Laisser mijoter 2 minutes, en remuant délicatement et laisser tiédir.

6 Émietter le thon et ajouter à la préparation précédente avec le persil haché, répartir dans 4 assiettes, et garnir avec le reste de persil. Servir chaud accompagné de pain frais.

VALEURS NUTRITIONNELLES
Calories *245* ; Glucides *29 g* ; Protéines *22 g* ; Lipides *8 g* ; Acides gras saturés *1 g*

⭐⭐ facile
🕐 15 minutes
🕐 10 minutes

 CONSEIL

Les câpres sont les boutons des fleurs du câprier, originaire des régions méditerranéennes. Elles sont conservées en saumure et parfument distinctement cette salade. Les câpres sont utilisées dans la cuisine italienne et provençale.

La truite fumée et la sauce au raifort s'associent particulièrement bien, mais ici l'ajout de pomme et de roquette fait de cette recette une merveilleuse entrée.

Salade *de* truite fumée *aux* pommes

1 Sans les éplucher, couper les pommes en quartiers, enlever le trognon, et couper les quartiers de pomme en lamelles au-dessus d'une terrine. Ajouter la vinaigrette pour empêcher la pomme de noircir.

2 Séparer la roquette en brins et répartir dans 4 grandes assiettes.

3 Enlever la peau de la truite et retirer l'arête centrale, en veillant à enlever les fines arêtes restantes avec les doigts ou à l'aide d'une pince à épiler. Émietter la chair en assez gros morceaux, et disposer avec les pommes dans les assiettes, sur la roquette.

4 Pour la sauce crémeuse au raifort, battre les ingrédients, en ajoutant éventuellement un peu de lait si la sauce est trop épaisse, verser la sauce obtenue sur les assiettes de salade, et parsemer de ciboulette et, éventuellement de fleurs de ciboulette. Servir avec des toasts (*voir* « conseil »).

4 PERSONNES

2 pommes rouges
2 cuil. à soupe de vinaigrette
½ botte de roquette
1 truite fumée de 175 g
toasts extra-fins, en accompagnement
  (*voir* « conseil »)

sauce crémeuse au raifort
125 ml de yaourt nature allégé
½ à 1 cuil. à café de jus de citron
1 cuil. à soupe de sauce au raifort
lait (facultatif)
sel et poivre

garniture
1 cuil. à soupe de ciboulette ciselée
fleurs de ciboulette fraîches (facultatif)

VALEURS NUTRITIONNELLES
Calories *133* ; Glucides *22 g* ; Protéines *12 g* ;
Lipides *5 g* ; Acides gras saturés *1 g*

⭐ très facile

🕐 10 minutes

🕐 20 minutes

 CONSEIL

Pour les toasts, faites griller des tranches de pain de mie, enlevez la croûte et coupez-les dans l'épaisseur. Coupez les toast en deux en biais et passez au four préchauffé 15 à 20 minutes, face grillée en dessous, jusqu'à ce que le pain soit bien croustillant.

Servez ce plat parmi une sélection d'antipasti, ou pour un déjeuner estival accompagné de pain à l'ail chaud. Le thon et les haricots constituent une association classique.

Salade *de* thon, haricots *et* anchois

4 PERSONNES

500 g de tomates
200 g de thon en boîte, égoutté
2 cuil. à soupe de persil frais haché
½ concombre
1 petit oignon rouge
225 g de haricots verts, cuits
1 petit poivron rouge, épépiné
1 cœur de laitue croquant
6 cuil. à soupe de vinaigrette à l'italienne
3 œufs durs
55 g de filets d'anchois en boîte, égouttés
12 olives noires dénoyautées

1 Couper les tomates en quartiers, émietter le thon et mettre dans une grande terrine avec le persil haché.

2 Couper le concombre en rondelles, émincer l'oignon, et mettre l'oignon et le concombre dans la terrine.

3 Couper les haricots verts en deux, ajouter à la terrine avec le poivron et la laitue, et verser la vinaigrette, en remuant bien. Mettre la salade dans un grand saladier. Écaler les œufs durs, couper en quartiers et ajouter à la salade avec les anchois. Parsemer avec des olives noires et servir.

VALEURS NUTRITIONNELLES
Calories 397 ; Glucides 18 g ; Protéines 23 g ;
Lipides 30 g ; Acides gras saturés 4 g

⭐ très facile

 20 minutes

 0 minutes

Une sauce aux fines herbes et au citron accommode parfaitement la saveur douce et la chair délicate du poisson.

Filets *de* rouget barbet *aux* pâtes

1 Mettre les filets de poisson dans une cocotte, ajouter le vin, les échalotes avec l'ail, les fines herbes, le zeste et le jus de citron, la muscade et les anchois, saler et poivrer selon son goût. Couvrir et cuire au four préchauffé, 180 °C (th. 6), 35 minutes.

2 Disposer les filets de poisson cuits dans un plat chaud et réserver au chaud. Réserver le jus de cuisson.

3 Verser le jus de cuisson dans la casserole et porter à ébullition à feu doux. Mélanger la crème et la maïzena et incorporer à la sauce pour l'épaissir.

4 Porter à ébullition une casserole d'eau légèrement salée à feu moyen, ajouter les pâtes avec l'huile d'olive et cuire faire 8 à 10 minutes, jusqu'à ce qu'elles soient al dente. Égoutter soigneusement et transférer dans un plat de service chaud.

5 Disposer les filets de rouget barbet sur les spaghettini, verser la sauce et garnir d'un brin de menthe, de rondelles et de zeste de citron. Servir immédiatement.

4 PERSONNES

1 kg de filets de rouget barbet
300 ml de vin blanc sec
4 échalotes, finement hachées
1 gousse d'ail, hachée
3 cuil. à soupe de fines herbes fraîches finement hachées
zeste finement râpé et jus d'un citron
1 pincée de noix muscade fraîchement râpée
3 filets d'anchois, grossièrement coupés
sel et poivre
2 cuil. à soupe de crème fraîche épaisse
1 cuil. à café de maïzena
450 g de spaghettini
1 cuil. à soupe d'huile d'olive

garniture
1 brin de menthe fraîche
rondelles de citron
zeste de citron

VALEURS NUTRITIONNELLES
Calories *457* ; Glucides *47 g* ; Protéines *39 g* ; Lipides *12 g* ; Acides gras saturés *5 g*

 difficulté moyenne
15 minutes
1 heure

 CONSEIL

Si vous ne trouvez pas de filets de rouget barbet, utilisez tout autre poisson disponible, de la truite par exemple.

La plupart des truites disponibles sur le marché sont des truites arc-en-ciel. Néanmoins, si vous en avez l'occasion, achetez une truite brune (fario) sauvage pour cette recette.

Truite *au* lard fumé

4 PERSONNES

1 cuil. à soupe de beurre, pour graisser
4 truites de 275 g chacune, vidées
    et nettoyées
12 anchois à l'huile en boîte, égouttés
    et hachés
2 pommes, épluchées, évidées et coupées
    en tranches
4 brins de menthe fraîche
jus d'un citron
12 tranches de lard fumé, sans la couenne
450 g de tagliatelles
1 cuil. à soupe d'huile d'olive
sel et poivre

garniture
2 pommes, évidées et coupées en tranches
4 brins de menthe fraîche

1 Beurrer généreusement un plat allant au four.

2 Ouvrir les truites et les rincer à l'eau chaude salée. Saler et poivrer l'intérieur des truites. Farcir avec les anchois, les tranches de pommes et les brins de menthe, et arroser la farce de jus de citron.

3 Barder soigneusement les truites, excepté la tête et la queue, de trois tranches de lard fumé, en les enroulant en diagonale.

4 Disposer les truites farcies dans le plat beurré, les extrémités des tranches de lard coincées en dessous. Saler, poivrer les poissons et cuire au four préchauffé, à 210 °C (th. 7), 20 minutes, en les retournant au bout de 10 minutes.

5 Porter à ébullition une casserole d'eau légèrement salée, ajouter les pâtes avec l'huile d'olive et faire cuire 12 minutes, jusqu'à ce qu'elles soient al dente. Bien égoutter et transférer sur un plat de service chaud.

6 Retirer les truites du four, disposer sur les tagliatelles et garnir de tranches de pommes et de brins de menthe fraîche. Servir immédiatement.

VALEURS NUTRITIONNELLES
Calories *802* ; Glucides *62 g* ; Protéines *68 g* ;
Lipides *36 g* ; Acides gras saturés *10 g*

 difficile

 35 minutes

25 minutes

Du saumon frais et des pâtes nappés d'une appétissante sauce citronnée à la roquette constituent un succulent déjeuner estival.

Pennes *au* saumon poché

1 Mettre dans une poêle le saumon et le beurre, le vin blanc, les grains de poivre, l'aneth, l'estragon, le citron et une pincée de sel, couvrir et porter à ébullition à feu doux. Laisser mijoter 10 minutes.

2 À l'aide d'une spatule, retirer délicatement le saumon de la poêle, et l'égoutter en réservant le jus de cuisson. Jeter la peau et les arêtes centrales, mettre les darnes dans un plat chaud et couvrir. Réserver au chaud.

3 Porter à ébullition une grande casserole d'eau légèrement salée, ajouter les pâtes avec 1 cuillerée à soupe d'huile d'olive, et faire cuire 8 à 10 minutes à feu moyen, jusqu'à ce que les pâtes soient al dente. Égoutter, arroser d'un filet d'huile d'olive et surmonter les pâtes des darnes. Réserver au chaud.

4 Pour la sauce, faire fondre le beurre dans une petite casserole à feu doux, ajouter la farine et cuire 2 minutes en remuant. Mouiller avec le lait, 7 cuillerées à soupe du jus réservé, ajouter le jus et le zeste de citron, et faire cuire 10 minutes en remuant.

5 Ajouter la roquette et remuer délicatement, saler et poivrer selon son goût.

6 Verser la sauce sur le saumon et les pâtes, garnir de rondelles de citron et de feuilles de roquette et servir immédiatement.

4 PERSONNES

4 darnes de saumon frais de 275 g chacune
4 cuil. à soupe de beurre
175 ml de vin blanc sec
8 grains de poivre
1 brin d'aneth frais
1 brin d'estragon frais
1 citron, coupé en rondelles
1 pincée de sel de mer
450 g de pennes
1 cuil. à soupe d'huile d'olive

sauce au citron

2 cuil. à soupe de beurre
3 cuil. à soupe de farine
150 ml de lait chaud
jus et zeste râpé de 2 citrons
60 g de roquette, hachée
sel et poivre

garniture

rondelles de citron
feuilles de roquette

VALEURS NUTRITIONNELLES
Calories *968* ; Glucides *52 g* ; Protéines *59 g* ;
Lipides *58 g* ; Acides gras saturés *19 g*

 facile

 10 minutes

30 minutes

Ce plat est une bonne idée pour un repas familial facile. Vous pouvez utiliser n'importe quels types de pâtes, mais les variétés tricolores donneront un résultat plus coloré.

Gratin *de* pâtes *aux* crevettes

4 PERSONNES

225 g de pâtes tricolores
1 cuil. à soupe d'huile
1 botte d'oignons verts, hachés
175 g de champignons de Paris, émincés
400 g de thon en saumure en boîte, égoutté et émietté
175 g de crevettes roses décortiquées, décongelées si nécessaire
2 cuil. à soupe de maïzena
425 ml de lait écrémé
sel et poivre
4 tomates moyennes, coupées en fines rondelles
25 g de chapelure fraîche
25 g d'emmental, râpé

1 Porter une casserole d'eau légèrement salée à ébullition à feu doux, ajouter les pâtes et faire cuire 8 à 10 minutes, jusqu'à ce que les pâtes soient al dente. Égoutter soigneusement.

2 Faire chauffer l'huile dans une poêle à feu doux, ajouter les oignons verts, en réservant une poignée, ainsi que les champignons, et faire revenir 4 à 5 minutes en remuant de temps en temps, jusqu'à ce qu'ils soient tendres.

3 Mélanger dans une terrine les pâtes cuites, les oignons verts, les champignons, le thon et les crevettes.

4 Délayer la maïzena dans un peu de lait afin de former une pâte. Verser le reste du lait dans une casserole, incorporer la pâte de maïzena, et faire chauffer, en remuant, jusqu'à ce que la sauce épaississe. Saler et poivrer selon son goût. Incorporer la sauce aux pâtes, transférer dans un plat à gratin et placer sur une grille de four.

5 Répartir les rondelles de tomates sur les pâtes, parsemer de chapelure et de fromage râpé, et cuire au four préchauffé à 190 °C (th. 6-7), 25 à 30 minutes, jusqu'à ce que la surface soit dorée. Parsemer avec les oignons verts restants et servir immédiatement.

VALEURS NUTRITIONNELLES

Calories *723* ; Glucides *123 g* ; Protéines *56 g* ; Lipides *8 g* ; Acides gras saturés *2 g*

   facile

10 minutes

50 minutes

Utilisez tous les fruits de mer disponibles pour ce délicieux plat de nouilles – des moules ou du crabe, par exemple.

Chow mein *aux* fruits de mer

1 Ouvrir le calmar, inciser l'intérieur en quadrillage, et couper en morceaux de la taille d'un timbre. Faire tremper les morceaux de calmar dans une terrine d'eau bouillante, jusqu'à ce que ils s'enroulent sur eux-mêmes, rincer à l'eau courante et égoutter.

2 Couper chaque Saint Jacques en 3 ou 4 tranches. Couper les crevettes en deux dans la longueur pour les plus grosses. Délayer la maïzena dans un peu de lait afin de former une pâte, mélanger avec les Saint Jacques, les crevettes, le blanc d'œuf.

3 Porter une casserole d'eau à ébullition à feu moyen, ajouter les nouilles et faire cuire 5 à 6 minutes. Égoutter, rincer à l'eau courante, et égoutter de nouveau. Incorporer 1 cuillerée à soupe d'huile.

4 Faire chauffer 3 cuillerées à soupe d'huile dans un wok préchauffé à feu moyen, ajouter les nouilles et 1 cuillerée à soupe de sauce de soja et faire cuire 2 à 3 minutes en remuant. Transférer dans un grand plat de service.

5 Faire chauffer le reste d'huile dans le wok, ajouter les pois mange-tout et les fruits de mer, et faire cuire environ 2 minutes. Ajouter le sel, le sucre, l'alcool de riz, le reste de sauce de soja et la moitié des oignons verts, et bien remuer en ajoutant un peu de bouillon ou d'eau si nécessaire. Verser la préparation sur les nouilles, arroser d'huile de sésame et garnir avec le reste d'oignon vert. Servir.

 CONSEIL

L'alcool de riz chinois, à base de riz gluant, est aussi appelé « vin jaune » à cause de sa couleur ambrée. Si vous n'en trouvez pas, vous pouvez le remplacer par un xérès sec ou demi-sec de bonne qualité.

4 PERSONNES

90 g de calmar, nettoyé
3 ou 4 noix de Saint Jacques fraîches
90 g de crevettes crues, décortiquées
1 cuil. à soupe de maïzena
½ blanc d'œuf, légèrement battu
275 g de nouilles aux œufs
5 à 6 cuil. à soupe d'huile
2 cuil. à soupe de sauce de soja claire
55 g de pois mange-tout
½ cuil. à café de sel
½ cuil. à café de sucre
1 cuil. à café d'alcool de riz
2 oignons verts, finement émincés
quelques gouttes d'huile de sésame

VALEURS NUTRITIONNELLES
Calories *281* ; Glucides *17 g* ; Protéines *15 g* ; Lipides *18 g* ; Acides gras saturés *2 g*

 difficulté moyenne

15 minutes

15 minutes

Cette savoureuse recette marie des saveurs aigres-douces, accompagnées d'œuf, de nouilles de riz, de grosses crevettes et de légumes pour un plat complet.

Nouilles aigres-douces

4 PERSONNES

3 cuil. à soupe de sauce de poisson thaïe
2 cuil. à soupe d'extrait de vinaigre
2 cuil. à soupe de sucre ou de sucre de palme
2 cuil. à soupe de concentré de tomates
2 cuil. à soupe d'huile de tournesol
3 gousses d'ail, hachées
350 g de nouilles de riz, trempées 5 minutes dans l'eau bouillante
8 oignons verts, émincés
2 carottes, râpées
150 g de germes de soja
2 œufs, battus
225 g de grosses crevettes décortiquées
50 g de cacahuètes concassées
1 cuil. à café de flocons de piments, en garniture

1 Mélanger dans une petite terrine la sauce de poisson, le vinaigre, le sucre et le concentré de tomates.

2 Faire chauffer l'huile de tournesol dans un grand wok préchauffé à feu doux, ajouter l'ail et faire revenir 30 secondes.

3 Égoutter soigneusement les nouilles, ajouter au wok avec le mélange de sauce de poisson et de concentré de tomates, et bien mélanger.

4 Ajouter les oignons verts, les carottes et les germes de soja et faire revenir encore 2 à 3 minutes.

5 Déplacer le contenu du wok sur un côté, verser les œufs battus du côté vide et cuire jusqu'à ce qu'ils prennent. Ajouter les crevettes et les cacahuètes et bien mélanger. Disposer la préparation sur 4 assiettes chaudes, garnir de flocons de piment et servir immédiatement.

VALEURS NUTRITIONNELLES
Calories 352 ; Glucides 43 g ; Protéines 23 g ; Lipides 17 g ; Acides gras saturés 3 g

 difficulté moyenne

🕐 10 minutes

🕐 10 minutes

 CONSEIL

On trouve du piment en flocons au rayon épices des grands supermarchés.

Les vermicelles transparents sont à base de haricots mungo. Ils sont vendus déshydratés, et nécessitent donc un prétrempage.

Nouilles sautées *aux* crevettes

1 Dans une terrine, mélanger la sauce de soja claire avec le jus de citron ou de citron vert et la sauce de poisson. À l'aide d'un couteau, couper le tofu en dés de 1 ou 2 cm, mettre les dés de tofu dans la terrine et bien remuer pour bien les enrober de sauce. Couvrir la terrine de film alimentaire et laisser mariner environ 15 minutes.

2 Mettre le vermicelle dans une terrine, le recouvrir d'eau chaude, et laisser tremper 5 minutes. Égoutter soigneusement.

3 Faire chauffer l'huile de tournesol dans un wok préchauffé ou une sauteuse à feu doux, ajouter les échalotes, l'ail et le piment rouge et faire revenir 1 minute.

4 Ajouter le céleri et la carotte et faire revenir 2 à 3 minutes.

5 Verser le vermicelle dans le wok ou la sauteuse et faire revenir 2 minutes, sans cesser de remuer, ajouter les crevettes, les germes de soja et le tofu, ainsi que la marinade, et faire revenir 2 à 3 minutes à feu moyen à vif, pour bien réchauffer la préparation.

6 Verser la préparation dans 4 assiettes chaudes, garnir de feuilles de céleri et de piments, et servir.

CONSEIL

Essayez d'utiliser de grosses crevettes tigrées crues à la place des crevettes cuites, et ajoutez-les au wok avec le céleri, à l'étape 4.

4 PERSONNES

2 cuil. à soupe de sauce de soja claire
1 cuil. à soupe de jus de citron ou de citron vert
1 cuil. à soupe de sauce de poisson thaïe
125 g de tofu ferme (poids égoutté), coupé en cubes
125 g de vermicelles transparents
2 cuil. à soupe d'huile de tournesol
4 échalotes, finement émincées
2 gousses d'ail, hachées
1 petit piment rouge frais, épépiné et finement haché
2 branches de céleri, finement émincées
2 carottes, coupées en fines rondelles
125 g de petites crevettes cuites décortiquées
55 g de germes de soja

garniture
feuilles de céleri
piments frais

VALEURS NUTRITIONNELLES
Calories *152* ; Glucides *12 g* ; Protéines *11 g* ; Lipides *8 g* ; Acides gras saturés *1 g*

  difficulté moyenne
25 minutes
10 minutes

Le cabillaud et la mangue sont cuits avec des poivrons – vert, orange et rouge – et constituent un plat épicé servi accompagné de nouilles pour un repas rapide et consistant.

Cabillaud *à* la mangue *et aux* nouilles

4 PERSONNES

250 g de nouilles aux œufs
450 g de filets de cabillaud, sans la peau
1 cuil. à soupe de paprika
2 cuil. à soupe d'huile de tournesol
1 oignon rouge, émincé
1 poivron orange, épépiné et coupé
   en lanières
1 poivron vert, épépiné et coupé en lanières
100 g de mini-épis de maïs, coupés en deux
1 mangue, épluchée, dénoyautée
   et coupée en tranches
100 g de germes de soja
2 cuil. à soupe de ketchup
2 cuil. à soupe de sauce de soja
2 cuil. à soupe de xérès demi-sec
1 cuil. à café de maïzena

1 Mettre les nouilles dans une grande terrine, recouvrir d'eau bouillante et laisser tremper environ 10 minutes.

2 Rincer les filets de cabillaud à l'eau courante, sécher avec du papier absorbant et couper en fines lanières. Mettre le cabillaud dans une terrine, ajouter le paprika et bien mélanger pour enrober le poisson.

3 Faire chauffer l'huile dans un grand wok préchauffé à feu moyen, ajouter l'oignon, les poivrons et les mini-épis de maïs, et faire cuire environ 5 minutes.

4 Ajouter le cabillaud et la mangue au contenu du wok, faire cuire encore 2 à 3 minutes, jusqu'à ce que le poisson soit tendre. Ajouter les germes de soja et bien mélanger.

5 Mélanger le ketchup, la sauce de soja, le xérès et la maïzena, ajouter dans le wok et cuire en remuant de temps en temps, jusqu'à ce que le jus épaississe.

6 Égoutter soigneusement les nouilles et transférer dans 4 bols chauds, verser le sauté de cabillaud et de mangue dans des bols chauds et servir immédiatement.

VALEURS NUTRITIONNELLES
Calories *274* ; Glucides *37 g* ; Protéines *25 g* ;
Lipides *8 g* ; Acides gras saturés *1 g*

⭐⭐ facile

🕐 10 minutes

🕐 25 minutes

Pour cette recette, le poulet et les nouilles sont cuits dans un mélange de sauce d'huître et d'œuf.

Nouilles *à la* sauce d'huître

1 Mettre les nouilles dans un grand bol ou un plat, recouvrir d'eau bouillante, et laisser tremper 10 minutes.

2 Pendant ce temps, à l'aide d'un couteau tranchant, retirer la peau des cuisses de poulet, la jeter, et couper la viande en dés.

3 Faire chauffer l'huile d'arachide dans un grand wok préchauffé ou une sauteuse, en la répartissant au fond du wok, jusqu'à ce qu'elle soit bien chaude.

4 Ajouter les dés de poulet et les rondelles de carottes au wok ou à la sauteuse, et faire revenir environ 5 minutes.

5 Égoutter soigneusement les nouilles, ajouter au wok ou à la sauteuse, et faire revenir encore 2 à 3 minutes, jusqu'à ce que les nouilles soient bien chaudes.

6 Battre la sauce d'huître, les œufs et 3 cuillerées à soupe d'eau froide dans une petite terrine, verser délicatement ce mélange sur les nouilles et faire revenir encore 2 à 3 minutes, jusqu'à ce que les œufs prennent.

7 Transférer la préparation dans 4 bols chauds et servir immédiatement.

4 PERSONNES

250 g de nouilles aux œufs
450 g de cuisses de poulet
2 cuil. à soupe d'huile d'arachide
100 g de carottes, coupées en rondelles
3 cuil. à soupe de sauce d'huître
2 œufs
3 cuil. à soupe d'eau

VALEURS NUTRITIONNELLES
Calories *278* ; Glucides *15 g* ; Protéines *30 g* ;
Lipides *12 g* ; Acides gras saturés *3 g*

 facile

5 minutes

25 minutes

 CONSEIL

Vous pouvez remplacer la sauce d'huître par de la sauce de soja ou de la sauce hoisin.

Un plat simple et
savoureux où le riz
et le poisson cuisent
dans un plat unique. Veillez
à bien retirer les épices
entières avant de servir.

Riz parfumé *aux* fruits de mer

4 PERSONNES

225 g de riz basmati
2 cuil. à soupe de ghee ou d'huile
1 oignon, haché
1 gousse d'ail, hachée
1 cuil. à café de graines de cumin
½ à 1 cuil. à café de poudre de piment
4 clous de girofle
1 bâtonnet de cannelle ou de cannelle de Chine
2 cuil. à café de pâte de curry
225 g de crevettes décortiquées
500 g de filets de poisson blanc (par exemple lotte, cabillaud ou églefin), peau et arêtes enlevées, coupés en cubes
600 ml d'eau bouillante
55 g de petits pois surgelés
55 g de maïs en grains surgelé
1 à 2 cuil. à soupe de jus de citron vert
2 cuil. à soupe de noix de coco déshydratée grillée

garniture
1 brin de coriandre fraîche
2 rondelles de citron vert

VALEURS NUTRITIONNELLES
Calories *380* ; Glucides *28 g* ; Protéines *40 g* ; Lipides *13 g* ; Acides gras saturés *5 g*

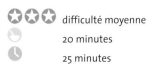

difficulté moyenne

20 minutes

25 minutes

1 Mettre le riz dans une passoire, laver soigneusement à l'eau courante, jusqu'à ce que l'eau devienne claire, et bien égoutter.

2 Faire chauffer le ghee ou l'huile dans une casserole à feu doux, ajouter l'oignon, l'ail, les épices et la pâte de curry, et faire revenir 1 minute à feu très doux.

3 Incorporer le riz en remuant bien pour l'enrober du mélange d'épices, ajouter les crevettes et le poisson, saler et poivrer généreusement. Remuer délicatement, et verser l'eau bouillante.

4 Couvrir, laisser cuire 10 minutes et ajouter les petits pois et le maïs. Couvrir, laisser cuire encore 8 minutes et retirer la casserole du feu. Laisser reposer 10 minutes.

5 Découvrir, remuer le riz à l'aide d'une fourchette pour faire gonfler les grains et verser la préparation dans un grand plat de service chaud.

6 Arroser le plat de jus de citron vert, parsemer de noix de coco grillée et garnir avec le brin de coriandre et 2 rondelles de citron vert. Servir immédiatement.

Le cabillaud est mijoté dans une riche sauce à la tomate et à la noix de coco pour obtenir un résultat tendre et savoureux.

Cabillaud *à* l'indienne *aux* tomates

1 Faire chauffer l'huile dans une poêle à feu moyen, ajouter les darnes de poisson, saler et poivrer selon son goût. Faire cuire jusqu'à ce que le poisson soit bien doré des deux côtés, mais pas complètement cuit. Retirer le poisson de la poêle et réserver.

2 Ajouter l'oignon, l'ail, le poivron et les épices et faire revenir 2 minutes à feu doux, en remuant fréquemment. Ajouter les tomates concassées, porter à ébullition et laisser mijoter 5 minutes.

3 Remettre le poisson dans la poêle et laisser mijoter 8 minutes à feu doux, jusqu'à ce que le poisson soit bien cuit.

4 Retirer le poisson de la poêle et réserver au chaud dans un plat de service. Ajouter le lait de coco et la coriandre hachée dans la poêle et réchauffer à feu doux.

5 Verser la sauce sur les darnes de cabillaud et servir immédiatement.

4 PERSONNES

3 cuil. à soupe d'huile
sel et poivre
4 darnes de cabillaud de 2,5 cm d'épaisseur
1 oignon, finement haché
2 gousses d'ail, hachées
1 poivron rouge, épépiné et haché
1 cuil. à café de coriandre en poudre
1 cuil. à café de cumin en poudre
1 cuil. à café de curcuma
½ cuil. à café de garam masala
400 g de tomates concassées en boîte
150 ml de lait de coco
1 à 2 cuil. à soupe de coriandre fraîche hachée ou de persil frais haché

VALEURS NUTRITIONNELLES
Calories *194* ; Glucides *13 g* ; Protéines *21 g* ; Lipides *9 g* ; Acides gras saturés *1 g*

   facile

5 minutes

25 minutes

 CONSEIL

Vous pouvez aromatiser la préparation avec 1 cuillerée à soupe de poudre de curry ou de pâte de curry (douce ou forte selon votre goût) à la place du mélange d'épices, à l'étape 2.

La texture moelleuse du poisson grillé s'accorde parfaitement avec celle des champignons.

Carrelet *aux* champignons

4 PERSONNES

4 filets de carrelets de 150 g chacun
2 cuil. à soupe de jus de citron vert
sel de céleri et poivre
90 g de margarine allégée
300 g de petits champignons mélangés
 (champignons de Paris, pleurotes,
 shiitake, chanterelles ou morilles), coupés
 en tranches ou en quartiers
4 tomates, pelées, épépinées et coupées
 en dés
feuilles de basilic, en garniture
mesclun, en accompagnement

1 Recouvrir une plaque de four de papier sulfurisé et y placer le poisson.

2 Arroser de jus de citron vert et assaisonner de sel de céleri et de poivre selon son goût.

3 Cuire au gril préchauffé à température moyenne 7 à 8 minutes sans retourner, jusqu'à ce que le poisson soit cuit, et réserver au chaud.

4 Pendant ce temps, faire fondre la margarine allégé dans une poêle à feu doux, ajouter les champignons et faire revenir 4 à 5 minutes, jusqu'à ce qu'ils soient bien cuits.

5 Faire chauffer les tomates dans une petite casserole à feu doux.

6 Répartir les champignons avec leur jus et les tomates sur le carrelet, dans 4 assiettes chaudes, garnir le poisson de quelques feuilles de basilic et servir avec du mesclun.

VALEURS NUTRITIONNELLES
Calories *243* ; Glucides *4 g* ; Protéines *30 g* ;
Lipides *13 g* ; Acides gras saturés *3 g*

⭐⭐ facile
 10 minutes
🕐 20 minutes

 CONSEIL

Les champignons conviennent bien aux régimes pauvres en graisse, car ils sont très savoureux et ne contiennent aucune matière grasse. Les champignons plus consistants, tels que les cèpes sont plus longs à cuire.

Ici, la chair riche et ferme de la truite fraîche est mise en valeur par les saveurs épicées de la marinade.

Truite épicée

1 À l'aide d'un couteau tranchant, pratiquer plusieurs incisions sur la peau des truites sur les deux faces.

2 Pour la marinade, mélanger les ingrédients dans une petite terrine.

3 Placer les truites dans une terrine peu profonde, verser la marinade, et couvrir. Réserver au réfrigérateur 30 à 40 minutes, en retournant les poissons de temps en temps.

4 Faire chauffer l'huile de tournesol dans un wok préchauffé à feu moyen, ajouter les graines de fenouil et de nigelle et faire cuire, jusqu'à ce qu'elles commencent à éclater.

5 Ajouter l'ail, le lait de coco et le concentré de tomates, et porter à ébullition à feu moyen.

6 Ajouter les raisins de Smyrne, le garam masala et les truites avec leur marinade, couvrir et laisser mijoter 5 minutes à feu doux. Retourner les truites et faire mijoter encore 10 minutes.

7 Transférer les truites dans 4 assiettes chaudes, garnir de noix de cajou, de quartiers de citron et de brins de coriandre, et servir immédiatement.

4 PERSONNES

4 truites de 175 à 250 g chacune, vidées et lavées
3 cuil. à soupe d'huile de tournesol
1 cuil. à café de graines de fenouil
1 cuil. à café de graines de nigelle
1 gousse d'ail, hachée
150 ml de lait de coco ou de fumet de poisson
3 cuil. à soupe de concentré de tomates
55 g de raisins de Smyrne
½ cuil. à café de garam masala

marinade
4 cuil. à soupe de jus de citron
2 cuil. à soupe de coriandre fraîche hachée
1 cuil. à café de cumin en poudre
½ cuil. à café de sel
½ cuil. à café de poivre noir moulu

garniture
25 g de noix de cajou, concassées
quartiers de citron
4 brins de coriandre fraîche

VALEURS NUTRITIONNELLES
Calories *374* ; Glucides 27 *g* ; Protéines *38 g* ; Lipides *19 g* ; Acides gras saturés *3 g*

 facile

 50 minutes

50 minutes

20 minutes

L'association des saveurs fraîches et fumées donne à ces kébabs toute leur originalité. Essayez de trouver des filets de poisson épais, pour obtenir des cubes de la taille d'une bouchée.

Brochettes *de* poisson fumé

4 PERSONNES

350 g de filets de haddock
350 g de filets de cabillaud
8 grosses crevettes crues
8 feuilles de laurier
brins d'aneth frais, en garniture (facultatif)

marinade

4 cuil. à soupe d'huile de tournesol,
   un peu plus pour badigeonner
2 cuil. à soupe de jus de citron jaune ou vert
zeste d'un demi-citron vert ou jaune râpé
¼ de cuil. à café d'aneth séché
sel et poivre

1 Retirer la peau des filets de poissons et couper la chair en cubes. Décortiquer les crevettes, en veillant à les garder entières.

2 Pour la marinade, mélanger dans un plat peu profond non métallique l'huile de tournesol, le jus et le zeste de citron râpé, l'aneth séché, le sel et le poivre.

3 Mettre le poisson dans la marinade, bien remuer pour imprégner le poisson de marinade, et laisser mariner 1 à 4 heures au réfrigérateur.

4 Piquer le poisson sur 4 brochettes en métal, en alternant les deux types de poisson avec les crevettes et les feuilles de laurier.

5 Recouvrir la grille d'un barbecue de papier d'aluminium huilé, disposer les brochettes, et faire cuire 5 à 10 minutes au-dessus de braises très chaudes, en badigeonnant les brochettes avec le reste de marinade. Retourner une fois.

6 Transférer les brochettes sur un plat de service chaud, garnir éventuellement de brins d'aneth frais et servir immédiatement.

VALEURS NUTRITIONNELLES
Calories *221* ; Glucides *0 g* ; Protéines *33 g* ;
Lipides *10 g* ; Acides gras saturés *1 g*

   facile
   1 à 4 heures
   5 à 10 minutes

 **CONSEIL**

Les filets de cabillaud s'émiettent facilement, choisissez des filets épais dans lesquels vous pourrez facilement couper des cubes. Faites cuire le poisson sur du papier d'aluminium plutôt que sur la grille, si le poisson s'émiette vous pourrez le récupérer.

Puisque les noix de Saint-Jacques sont enduites de marinade, il n'est pas essentiel qu'elles soient fraîches ; vous pouvez utiliser des fruits de mer surgelés et décongelés pour cette recette.

Brochettes *de* noix de Saint-Jacques

1 Faire tremper 8 brochettes en bois dans l'eau chaude au moins 30 minutes avant usage, pour éviter qu'elles brûlent sur le barbecue.

2 Dans un mortier, piler le lemon-grass, l'ail et le piment avec le jus et zeste de citron vert, jusqu'à obtention d'une pâte, ou utiliser un moulin à épices.

3 Piquer 2 noix de Saint-Jacques sur chaque brochette, recouvrir les extrémités de papier d'aluminium pour les empêcher de brûler.

4 Alterner les noix de Saint-Jacques et les tranches de citron vert.

5 Pour la vinaigrette, fouetter l'huile, le jus de citron dans une petite terrine, saler et poivrer selon son goût.

6 Enduire les noix de Saint-Jacques de la pâte d'épices et cuire les brochettes 10 minutes au-dessus de braises pas trop chaudes, en les arrosant de temps en temps de marinade et en les retournant une fois.

7 Mélanger la roquette et le mesclun avec la vinaigrette, transférer la salade dans un grand saladier et garnir de ciboulette.

8 Servir immédiatement les brochettes de noix de Saint-Jacques très chaudes, 2 par assiette, accompagnées de la salade.

4 PERSONNES

2 cuil. à soupe de lemon-grass finement haché ou 1 cuil. à soupe de jus de citron
2 gousses d'ail, hachées
1 piment vert frais, épépiné et haché
zeste râpé et jus de 2 citrons verts
16 noix Saint-Jacques, avec leur corail
2 citrons verts, coupés en huit
2 cuil. à soupe d'huile de tournesol
1 cuil. à soupe de jus de citron
sel et poivre
ciboulette fraîche, en garniture

accompagnement
55 g de roquette
200 g de mesclun

VALEURS NUTRITIONNELLES
Calories *182* ; Glucides *0 g* ; Protéines *29 g* ; Lipides *7 g* ; Acides gras saturés *1 g*

 facile

 30 minutes

10 minutes

Viande

De nombreux plats de viande de ce chapitre viennent de la cuisine traditionnelle, mais ils se préparent tous rapidement, et avec des ingrédients usuels, sans doute déjà présents dans votre garde-manger. D'autres sont des versions modernes mais sont également simples à préparer.

Vous trouverez ici des recettes faciles et bon marché pour déjeuner et dîner en famille, mais également des plats plus raffinés pour les grandes occasions. Toutes ces recettes sont très complètes, vous offrant ainsi une large palette de saveurs. Pour ceux qui suivent un régime pauvre en matières grasses, l'utilisation de morceaux maigres de viande leur permettra de se régaler tout de même grâce aux recettes présentées ici.

PLATS SIMPLES ET RAPIDES

Cette recette simple et rapide constituera un délicieux plat pour une occasion spéciale.

Rigatonis *au* bœuf *et à la* crème

4 PERSONNES

6 cuil. à soupe de beurre

450 g d'aloyau, paré et coupé en fines lanières

175 g de champignons sauvages, émincés

1 cuil. à café de moutarde

1 pincée de gingembre fraîchement râpé

sel et poivre

2 cuil. à soupe de xérès sec

150 ml de crème fraîche épaisse

4 tranches de pain de mie, grillées et coupées en triangles, en accompagnement

pâtes

450 g de rigatonis

2 cuil. à soupe d'huile d'olive

2 brins de basilic frais

115 g de beurre

1 Faire fondre le beurre dans une poêle à feu doux, ajouter le bœuf et faire revenir 6 minutes, en remuant fréquemment. À l'aide d'une écumoire, transférer la viande dans un plat allant au four et réserver au chaud.

2 Ajouter les champignons dans la poêle et faire revenir dans le beurre restant, 2 à 3 minutes. Ajouter la moutarde, le gingembre, saler et poivrer selon son goût. Faire revenir 2 minutes, ajouter le xérès et la crème et cuire encore 3 minutes. Verser la sauce sur le bœuf.

3 Cuire la viande au four préchauffé, à 190 °C (th. 6-7), 10 minutes.

4 Pendant ce temps, porter à ébullition une casserole d'eau légèrement salée, ajouter les pâtes, l'huile d'olive et l'un des brins de basilic, et faire cuire 10 minutes, jusqu'à ce que les pâtes soient al dente. Égoutter, transférer dans un plat de service chaud et mélanger avec le beurre. Garnir avec l'autre brin de basilic.

5 Servir la viande accompagnée de pâtes et de triangles de pain grillé.

VALEURS NUTRITIONNELLES

Calories *796* ; Glucides *28 g* ; Protéines *29 g* ; Lipides *63 g* ; Acides gras saturés *39 g*

 facile

15 minutes

30 minutes

 CONSEIL

Les pâtes sèches se conservent 6 mois dans un paquet qu'il faut bien refermer après ouverture, ou transférer les pâtes dans un récipient hermétique.

Vous pouvez utiliser n'importe quelle variété de pâtes longues, telles que les tagliatelles ou les fettucines pour ce savoureux plat originaire de Sicile.

Gâteau *de* spaghettis *à la* sicilienne

1   Huiler légèrement un moule à gâteau à fond amovible de 20 cm, chemiser de papier sulfurisé et badigeonner d'huile. Couper les extrémités des aubergines et couper en rondelles d'environ 5 mm d'épaisseur. Faire chauffer un peu d'huile dans une poêle à feu moyen, ajouter les aubergines en plusieurs fois, et faire revenir, jusqu'à ce qu'elles soient dorées des deux côtés, en ajoutant un peu d'huile si nécessaire. Égoutter sur du papier absorbant.

2   Mettre le bœuf, l'oignon et l'ail dans une casserole et faire dorer à feu doux, en remuant fréquemment. Ajouter les tomates, le concentré de tomates, la sauce Worcester, la marjolaine, saler et poivrer selon son goût. Laisser mijoter 10 minutes, en remuant de temps en temps, ajouter les olives et le poivron, et laisser cuire encore 10 minutes.

3   Porter à ébullition une casserole d'eau légèrement salée à feu moyen, ajouter les pâtes et faire cuire 8 à 10 minutes, jusqu'à ce que les pâtes soient al dente. Égoutter soigneusement et transférer dans une terrine. Ajouter la préparation à la viande et le parmesan, et mélanger à l'aide de deux fourchettes.

4   Chemiser le fond et les côtés du moule à gâteau avec des rondelles d'aubergine, ajouter les pâtes et recouvrir du reste des aubergines.

5   Cuire au four préchauffé, à 210 °C (th. 7), 40 minutes, retirer du four, et laisser reposer 5 minutes. Retourner dans un plat de service chaud, retirer le papier sulfurisé et servir immédiatement.

4   PERSONNES

150 ml d'huile d'olive, un peu plus pour badigeonner
2 aubergines
350 g de bœuf haché
1 oignon, haché
2 gousses d'ail, hachées
400 g de tomates concassées en boîte
2 cuil. à soupe de concentré de tomates
1 cuil. à café de sauce Worcester
1 cuil. à café de marjolaine ou d'origan frais haché, ou ½ cuil. à café de marjolaine ou d'origan séché
sel et poivre
60 g d'olives noires dénoyautées, coupées en rondelles
175 g de spaghettis
1 poivron vert, rouge ou jaune, épépiné et haché
115 g de parmesan, fraîchement râpé

VALEURS NUTRITIONNELLES
Calories *876* ; Glucides *49 g* ; Protéines *37 g* ; Lipides *65 g* ; Acides gras saturés *18 g*

⭐⭐   facile

🕐   30 minutes

🕐   50 minutes

L'association d'ingrédients indiens et italiens crée la surprise. Faites mariner les steaks à l'avance, pour gagner du temps, et parsemez éventuellement de coriandre fraîche et d'amandes effilées.

Pâtes *et* bœuf *au* four

4 PERSONNES

900 g de steak, coupé en cubes
150 ml de bouillon de bœuf
sel
450 g de macaronis
300 ml de crème fraîche épaisse
½ cuil. à café de garam masala
coriandre fraîche, en garniture

pâte de korma

60 g d'amandes, mondées
6 gousses d'ail
1 morceau de gingembre frais de 2,5 cm, grossièrement haché
6 cuil. à soupe de bouillon de bœuf
1 cuil. à café de cardamone en poudre
4 clous de girofle, pilés
1 cuil. à café de cannelle en poudre
2 gros oignons, hachés
1 cuil. à café de grains de coriandre
2 cuil. à café de graines de cumin moulues
1 pincée de poivre de Cayenne
6 cuil. à soupe d'huile de tournesol

VALEURS NUTRITIONNELLES

Calories *1050* ; Glucides *41 g* ; Protéines *47 g* ; Lipides *81 g* ; Acides gras saturés *34 g*

facile

6 h 15

1 h 15

1 Pour la pâte de korma, piler finement les amandes dans un mortier, mettre les amandes pilées et les autres ingrédients de la pâte de korma dans un robot de cuisine et mixer, jusqu'à obtention d'une préparation très homogène.

2 Mettre le steak dans un grande terrine peu profonde, ajouter la pâte de korma, en retournant pour bien enrober la viande, et laisser mariner au moins 6 heures au réfrigérateur.

3 Transférer le steak et la pâte de korma dans une casserole et laisser mijoter 35 minutes à feu doux, en ajoutant un peu de bouillon de bœuf si nécessaire.

4 Pendant ce temps, porter à ébullition une casserole d'eau salée à feu moyen, ajouter les pâtes et faire cuire 10 minutes, jusqu'à ce que les pâtes soient al dente. Égoutter et transférer dans une cocotte profonde. Ajouter le steak, la crème épaisse et le garam masala.

5 Cuire au four préchauffé, à 210 °C (th. 7), 30 minutes, jusqu'à ce que le steak soit tendre, retirer du four et laisser reposer 10 minutes. Garnir de coriandre fraîche et éventuellement d'éclats d'amandes, et servir immédiatement.

Ce plat traditionnel prend une nouvelle dimension, accompagné d'une sauce au vin riche mais subtile.

Boulettes *de* viande *à la* sauce *au* vin

1 Dans une petite terrine, faire tremper la chapelure dans le lait 30 minutes.

2 Faire chauffer 4 cuillerées à soupe d'huile et la moitié du beurre dans une sauteuse à feu doux, ajouter les champignons et faire revenir 4 minutes. Incorporer la farine et faire cuire 2 minutes. Mouiller avec le bouillon et le vin, et laisser frémir environ 15 minutes. Ajouter le concentré de tomates, les tomates, le sucre et le basilic, saler et poivrer selon son goût. Laisser mijoter 30 minutes.

3 Mélanger les échalotes, la viande, le paprika et la chapelure, et façonner 14 boulettes de ce mélange.

4 Faire chauffer 4 cuillerées à soupe d'huile et le beurre restant dans une sauteuse à feu doux, ajouter les boulettes et faire cuire, jusqu'à ce qu'elles soient uniformément dorées. Transférer dans une cocotte profonde, verser la sauce au vin et couvrir. Cuire au four préchauffé, à 180° (th. 6), 30 minutes.

5 Porter à ébullition une grande casserole d'eau légèrement salée à feu moyen, ajouter les pâtes et le reste de l'huile et cuire 8 à 10 minutes, jusqu'à ce que les pâtes soient al dente. Égoutter et transférer dans un plat de service. Retirer la cocotte du four, laisser reposer 3 minutes, et verser les boulettes et la sauce sur les pâtes. Garnir d'un brin de basilic et servir.

4 PERSONNES

150 g de chapelure blanche
150 ml de lait
9 cuil. à soupe d'huile d'olive
25 g de beurre
225 g de pleurotes émincés
2 cuil. ½ à soupe de farine complète
200 g de bouillon de bœuf
150 ml de vin rouge
1 cuil. à soupe de concentré de tomates
4 tomates, pelées et concassées
1 cuil. à soupe de sucre roux
1 cuil. à café de basilic frais finement haché
sel et poivre
12 échalotes, hachées
450 g de steak haché
1 cuil. à café de paprika
450 g de tagliatelles aux œufs
1 brin de basilic frais, en garniture

VALEURS NUTRITIONNELLES
Calories *811* ; Glucides *83 g* ; Protéines *30 g* ; Lipides *43 g* ; Acides gras saturés *12 g*

⭐⭐⭐ difficulté moyenne

🕐 45 minutes

🕐 1 h 30

Dans ce plat, la sauge
au goût rafraîchissant
est l'ingrédient idéal
pour contrebalancer
la saveur du porc.

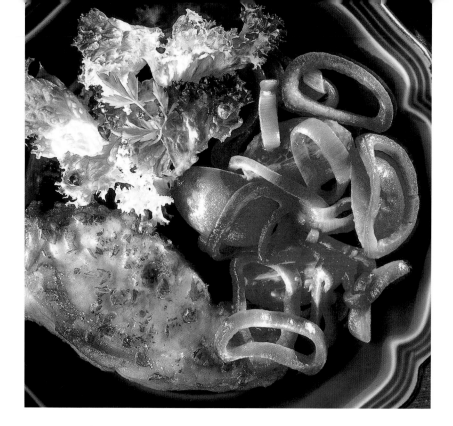

Côtes de porc *à la* sauge

4 PERSONNES

2 cuil. à soupe de farine
1 cuil. à soupe de sauge fraîche hachée
    ou 1 cuil. à café de sauge séchée
sel et poivre
4 côtes de porc maigres dans le filet,
    désossées et dégraissées
2 cuil. à soupe d'huile d'olive
15 g de beurre
1 cuil. à soupe de jus de citron
2 oignons rouges, émincés
2 cuil. à café de sucre
4 tomates olivettes, coupées en quatre
salade verte, en accompagnement

1 Mélanger la farine avec la sauge dans une grande assiette, saler et poivrer
selon son goût. Enduire légèrement de cette farine assaisonnée les côtes de
porc des deux côtés.

2 Faire chauffer 2 cuillerées à soupe d'huile et le beurre dans une grande poêle
à feu moyen, ajouter les côtes de porc, et faire revenir 6 à 7 minutes de chaque
côté, jusqu'à ce qu'elles soient bien cuites. Égoutter les côtes de porc en réservant
le jus de cuisson et réserver au chaud.

3 Mélanger le jus de citron et les oignons, ajouter à la poêle et faire cuire avec
les tomates et le sucre 5 minutes, jusqu'à ce que les légumes soient tendres.

4 Transférer les côtes de porc dans 4 assiettes chaudes, arroser avec le jus de
cuisson, et servir avec le mélange tomates-oignons et une salade verte.

VALEURS NUTRITIONNELLES
Calories *364* ; Glucides *19 g* ; Protéines *34 g* ;
Lipides *19 g* ; Acides gras saturés *7 g*

 facile

10 minutes

15 minutes

Ce plat original et attractif est succulent. Préparez à l'avance une sauce au vin rouge italienne (*voir* page 15) pour réduire le temps de préparation.

Pâtes *et* filet de porc *à la* crème

1 Disposer les tranches de porc entre 2 feuilles de film alimentaire, aplatir à l'aide d'un maillet à viande ou d'un rouleau à pâtisserie, et couper en lanières.

2 Faire chauffer l'huile dans une grande poêle à feu moyen, ajouter les lanières de viande et faire revenir 5 minutes. Ajouter les champignons et laisser cuire encore 2 minutes.

3 Ajouter la sauce au vin (*voir* page 15), réduire le feu et laisser mijoter doucement 20 minutes.

4 Pendant ce temps, porter à ébullition une grande casserole d'eau légèrement salée à feu moyen, ajouter le jus de citron, le safran et les pâtes, et faire cuire 8 à 10 minutes, jusqu'à ce que les pâtes soient al dente. Égoutter et réserver au chaud.

5 Verser la crème épaisse dans la poêle avec la viande et laisser mijoter quelques minutes.

6 Porter à ébullition une casserole d'eau, ajouter les œufs et faire bouillir 3 minutes, laisser refroidir dans l'eau froide, et les écaler.

7 Transférer les pâtes dans un grand plat de service chaud, verser la viande et la sauce, et garnir avec les œufs. Servir immédiatement.

CONSEIL

Dans cette recette on utilise des œufs mollets. Ils sont extrêmement difficiles à écaler quand ils sont chauds, il est donc important de les laisser bien refroidir, sinon, ils se casseraient.

4 PERSONNES

450 g de filet de porc, coupé en fines tranches
4 cuil. à soupe d'huile d'olive
225 g de champignons sauvages, émincés
200 ml de sauce au vin rouge italienne (*voir* page 15)
sel
1 cuil. à soupe de jus de citron
1 pincée de safran
350 g d'orecchioni
4 cuil. à soupe de crème fraîche épaisse
12 œufs de caille (*voir* «conseil»)

VALEURS NUTRITIONNELLES
Calories *735* ; Glucides *41 g* ; Protéines *31 g* ; Lipides *52 g* ; Acides gras saturés *19 g*

 difficulté moyenne
 10 minutes
35 minutes

L'association des baies
de genièvre et du fenouil
avec les côtes de porc,
rend ce plat original
et délicatement parfumé.

Côtes de porc *au* fenouil *et au* genièvre

4 PERSONNES

½ bulbe de fenouil
1 cuil. à soupe de baies de genièvre,
    légèrement écrasées
2 cuil. à soupe d'huile d'olive
zeste finement râpé et jus d'une orange
4 côtes de porc de 150 g chacune
salade croquante, en accompagnement

1 À l'aide d'un couteau tranchant, hacher finement le bulbe de fenouil et jeter les parties vertes.

2 Piler les baies de genièvre dans un mortier, mélanger avec la chair du fenouil, l'huile d'olive et le zeste d'orange.

3 À l'aide d'un couteau tranchant, pratiquer quelques incisions sur chaque côte de porc.

4 Mettre le porc dans un plat allant au four, verser la préparation au fenouil et au genièvre sur les côtes de porc.

5 Verser délicatement le jus d'orange sur chaque côte de porc, couvrir et laisser mariner au réfrigérateur environ 2 heures.

6 Cuire les côtes de porc au gril préchauffé à haute température 10 à 15 minutes, en fonction de l'épaisseur de la viande, jusqu'à ce que la viande soit tendre et cuite à cœur, en la retournant de temps en temps.

7 Transférer les côtes de porc dans 4 grandes assiettes chaudes et servir immédiatement avec une salade croquante.

VALEURS NUTRITIONNELLES
Calories *274* ; Glucides *0 g* ; Protéines *38,4 g* ;
Lipides *13,9 g* ; Acides gras saturés *3 g*

 CONSEIL

Les baies de genièvre sont souvent associées au gin, mais sont aussi utilisées pour relever des plats de viande. On les trouve dans les épiceries fines et les marchés.

⭐⭐   facile

🕐   2 h 15

🕐   10 à 15 minutes

Voici une version simplifiée d'un plat traditionnel de la région des Marches, sur la côte Est italienne. Des filets de porc sont farcis de prosciutto et d'origan frais.

Porc *au* citron *et à* l'ail

1 À l'aide d'un couteau tranchant, couper le filet de porc en 4 morceaux de taille égale, disposer entre deux feuilles de papier sulfurisé et aplatir chaque morceau à l'aide d'un maillet à viande ou d'un rouleau à pâtisserie.

2 Pratiquer une incision horizontale sur chaque morceau de porc pour former une poche.

3 Mettre les amandes sur une plaque de four et les passer 2 à 3 minutes au gril préchauffé à température moyenne, jusqu'à ce qu'elles soient dorées.

4 Mélanger les amandes, 1 cuillerée à soupe d'huile d'olive, le prosciutto, l'ail, l'origan et le zeste d'un citron, et garnir de farce l'intérieur des tranches de porc.

5 Faire chauffer l'huile restante dans une poêle à feu moyen, ajouter les échalotes et faire revenir 2 minutes.

6 Ajouter le porc dans la poêle et cuire 2 minutes de chaque côté, jusqu'à ce qu'il soit doré.

7 Mouiller avec le bouillon, porter à ébullition, et couvrir. Laisser mijoter 45 minutes, jusqu'à ce que le porc soit tendre, retirer la viande de la poêle et réserver au chaud.

8 Ajouter le zeste du second citron et le sucre dans la poêle, porter à ébullition et laisser frémir 3 à 4 minutes, jusqu'à ce que la sauce ait réduit et soit onctueuse. Transférer les tranches de porc dans 4 assiettes chaudes, napper de sauce et servir immédiatement avec des pois mange-tout.

4 PERSONNES

450 g de filet de porc
50 g d'amandes concassées
2 cuil. à soupe d'huile d'olive
115 g de prosciutto, finement haché
2 gousses d'ail, hachées
1 cuil. à soupe d'origan frais haché
zeste finement râpé de 2 citrons
4 échalotes, finement hachées
200 ml de bouillon de jambon ou de poulet
1 cuil. à café de sucre
pois mange-tout fraîchement cuits, en accompagnement

VALEURS NUTRITIONNELLES
Calories *428* ; Glucides *6 g* ; Protéines *31 g* ; Lipides *32 g* ; Acides gras saturés *4 g*

 facile

 25 minutes

1 heure

De tendres bouchées d'agneau revenues avec de l'ail, et mijotées dans du vin rouge constituent un plat traditionnel romain.

Poêlée d'agneau *aux* anchois *et* thym

4 PERSONNES

1 cuil. à soupe d'huile
15 g de beurre
600 g d'agneau (épaule ou gigot), coupé en cubes de 2,5 cm
4 gousses d'ail
3 brins de thym, effeuillés
6 filets d'anchois en boîte
150 ml de vin rouge
150 ml de bouillon d'agneau ou de légumes
1 cuil. à café de sucre
50 g d'olives noires dénoyautées, coupées en deux
2 cuil. à soupe de persil frais haché, en garniture

1 Faire chauffer l'huile et le beurre dans une poêle à feu moyen, ajouter l'agneau et cuire 4 à 5 minutes en remuant, jusqu'à ce que la viande soit uniformément dorée.

2 Piler l'ail, le thym et les anchois dans un mortier, jusqu'à obtention d'une pâte homogène.

3 Ajouter le vin et le bouillon d'agneau ou de légumes dans la poêle, et incorporer la pâte à l'ail et aux anchois ainsi que le sucre.

4 Porter la préparation à ébullition à feu moyen, couvrir et laisser mijoter environ 30 à 40 minutes, jusqu'à ce que l'agneau soit tendre. Pendant les 10 dernières minutes de cuisson, enlever le couvercle pour que la sauce réduise légèrement.

5 Incorporer les olives à la sauce et bien mélanger.

6 Transférer l'agneau et la sauce dans un grand plat de service chaud, garnir de persil haché, et servir immédiatement.

VALEURS NUTRITIONNELLES
Calories *299* ; Glucides *2 g* ; Protéines *31 g* ;
Lipides *16 g* ; Acides gras saturés *7 g*

⭐⭐⭐ difficulté moyenne
 15 minutes
 50 minutes

Un classique mariage de saveurs, ce plat constitue un parfait déjeuner dominical. Servez-le avec une salade de tomates et d'oignons, et des pommes de terre en robe des champs.

Côtelettes d'agneau *au* romarin

1 Parer les côtelettes en détachant la chair à l'aide d'un couteau tranchant pour exposer l'extrémité des os.

2 Dans une terrine non métallique peu profonde, mélanger l'huile, le jus de citron, l'ail, le poivre au citron et le sel à l'aide d'une fourchette.

3 Mettre des brins de romarin dans la terrine, poser l'agneau dessus, et laisser mariner au réfrigérateur au moins 1 heure, en retournant les côtelettes une fois.

4 Retirer les côtelettes de la marinade et entourer les os de papier d'aluminium pour qu'ils ne brûlent pas au barbecue.

5 Poser les brins de romarin sur la grille, mettre l'agneau dessus, et cuire au-dessus de braises chaudes 10 à 15 minutes, en retournant une fois.

6 Pendant ce temps, préparer la salade et son assaisonnement. Disposer les tomates sur un plat de service, les parsemer d'oignons verts. Mettre les ingrédients de l'assaisonnement dans un bocal hermétique, agiter et verser sur la salade. Servir avec les côtelettes d'agneau grillées et des pommes de terre en robe des champs.

4 PERSONNES

8 côtelettes d'agneau
5 cuil. à soupe d'huile d'olive
2 cuil. à soupe de jus de citron
1 gousse d'ail, finement hachée
½ cuil. à café de poivre aromatisé au citron
sel
8 brins de romarin frais
pommes de terre en robe des champs, en accompagnement

salade
4 tomates, coupées en rondelles
4 oignons verts, émincés en biais

assaisonnement
2 cuil. à soupe d'huile d'olive
1 cuil. à soupe de jus de citron
1 gousse d'ail, hachée
¼ de cuil. à café de romarin frais haché

VALEURS NUTRITIONNELLES
Calories *560* ; Glucides *2 g* ; Protéines *48 g* ; Lipides *40 g* ; Acides gras saturés *1 g*

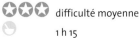 difficulté moyenne

 1 h 15

15 minutes

🍽 **CONSEIL**

Choisissez de petites pommes de terres si vous souhaitez les faire cuire en robe des champs. Brossez-les soigneusement, piquez-les à l'aide d'une fourchette et enveloppez-les de papier d'aluminium. Faites cuire dans les braises chaudes 50 à 60 minutes.

Ces côtelettes d'agneau
seront plus présentables
une fois désossées et
présentées en noisettes.

Agneau *au* laurier *et au* citron

4 PERSONNES

4 côtelettes d'agneau
1 cuil. à soupe d'huile
15 g de beurre
2 feuilles de laurier
zeste râpé d'un citron
150 ml de vin blanc
150 ml de bouillon d'agneau ou de légumes
sel et poivre

1 À l'aide d'un couteau tranchant, désosser soigneusement chaque côtelette, en laissant la viande d'un seul tenant, ou demander à son boucher de le faire.

2 Rouler la viande de chaque côtelette en boule et fermer avec de la ficelle de cuisine.

3 Faire chauffer l'huile et le beurre dans une poêle à feu moyen, jusqu'à ce que le mélange commence à mousser dans la poêle.

4 Ajouter les noisettes d'agneau et faire revenir environ 2 à 3 minutes de chaque côté, jusqu'à ce que la viande soit uniformément dorée.

5 Retirer la poêle du feu et jeter l'excédent de graisse.

6 Remettre la poêle sur le feu, ajouter les feuilles de laurier et le zeste de citron, et mouiller avec le vin et le bouillon. Laisser cuire 20 à 25 minutes, jusqu'à ce que l'agneau soit être tendre. Saler et poivrer légèrement la viande et la sauce.

7 Répartir la préparation dans 4 assiettes chaudes, retirer la ficelle de la viande, et jeter les feuilles de laurier. Servir avec la sauce.

VALEURS NUTRITIONNELLES
Calories *268* ; Glucides *0.,4 g* ; Protéines *24 g* ; Lipides *16 g* ; Acides gras saturés *7 g*

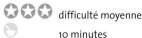

difficulté moyenne

10 minutes

35 minutes

Un plat succulent où un gigot d'agneau est mariné dans un mélange de citron, de menthe et de vinaigre balsamique puis grillé au barbecue.

Gigot d'agneau *à la* menthe

1 Ouvrir le gigot désossé pour lui donner la forme d'un papillon, et piquer la viande de 2 à 3 brochettes pour que celle-ci soit plus facile à manipuler.

2 Mélanger le vinaigre balsamique, le zeste et le jus de citron, l'huile, la menthe, l'ail, le sucre dans une terrine non métallique assez grande pour contenir l'agneau. Saler et poivrer selon son goût.

3 Mettre l'agneau dans le plat et le retourner plusieurs fois pour bien l'imprégner de marinade, laisser mariner au réfrigérateur au moins 6 heures, une nuit entière si possible, en retournant la viande de temps en temps.

4 Retirer la viande de la marinade et réserver cette dernière.

5 Placer la grille à environ 15 cm au-dessus de braises chaudes, et faire cuire l'agneau au barbecue environ 30 minutes de chaque côté, en le retournant une fois et le badigeonnant fréquemment de marinade.

6 Transférer l'agneau sur une planche à découper, retirer les brochettes, et couper en tranches perpendiculairement au sens de la fibre. Servir avec des légumes grillés aux olives et une salade verte.

4 PERSONNES

gigot d'agneau désossé de 1,8 kg
8 cuil. à soupe de vinaigre balsamique
zeste râpé et jus d'un citron
150 ml d'huile de tournesol
4 cuil. à soupe de menthe fraîche hachée
2 gousses d'ail, hachées
2 cuil. à soupe de sucre roux
sel et poivre

accompagnement
légumes grillés aux olives
salade verte

VALEURS NUTRITIONNELLES
Calories *733* ; Glucides *12 g* ; Protéines *69 g* ;
Lipides *48 g* ; Acides gras saturés *13 g*

  facile
  6 heures
  1 heure

Voici un plat réellement spectaculaire qui sera tout aussi délicieux préparé avec des filets de porc. Assurez-vous que les pétales de roses ne soient pas abîmés ni traités aux pesticides.

Longe de veau *aux* pétales de rose

4 PERSONNES

450 g de fettucines
7 cuil. à soupe d'huile d'olive
1 cuil. à café d'origan frais haché
1 cuil. à café de marjolaine fraîche hachée
175 g de beurre
450 g de longe de veau, coupé en fines tranches
150 ml de vinaigre de pétale de roses (*voir « conseil »*)
150 ml de fumet de poisson
50 ml de jus de pamplemousse
50 ml de crème fraîche épaisse
sel

garniture

12 quartiers de pamplemousse rose
12 grains de poivre rose
pétales de rose, lavées
fines herbes fraîches

1 Porter une casserole d'eau légèrement salée à ébullition à feu moyen, ajouter les pâtes et faire cuire 8 à 10 minutes, jusqu'à ce qu'elles soient al dente. Bien égoutter, transférer dans un plat de service chaud, et arroser de 2 cuillerées à soupe d'huile d'olive. Parsemer d'origan et de marjolaine.

2 Faire chauffer 50 g de beurre avec l'huile restante dans une poêle à feu doux, ajouter le veau et faire cuire 6 minutes. Retirer le veau de la poêle, disposer sur les pâtes et réserver au chaud.

3 Mettre le vinaigre et le fumet dans la poêle, porter à ébullition à feu moyen, et faire cuire à gros bouillons, jusqu'à réduction des deux tiers. Ajouter le jus de pamplemousse et la crème épaisse, réduire le feu et laisser mijoter 4 minutes. Couper en dés le beurre restant et ajouter dans la poêle, un dé à la fois, sans cesser de fouetter, jusqu'à ce qu'il soit bien incorporé.

4 Verser la sauce autour du veau, garnir de quartiers de pamplemousse, des graisn de poivre rose, de pétales de roses et de fines herbes et servir.

VALEURS NUTRITIONNELLES
Calories *475* ; Glucides *107,6 g* ; Protéines *39 g* ; Lipides *52 g* ; Acides gras saturés *16 g*

 facile

 20 minutes

25 minutes

🍽 **CONSEIL**

Pour un vinaigre de pétales de roses, faites infuser 48 heures les pétales de 8 roses non traitées dans 150 ml de vinaigre de vin blanc. Préparez-le à l'avance pour réduire le temps de préparation.

Un délicieux mélange de pommes, d'oignons et de champignons complète à merveille la saveur délicate du veau.

Veau *à la* napolitaine

1 Faire fondre 60 g de beurre dans une poêle à feu doux, ajouter les côtes de veau et faire revenir 5 minutes de chaque côté. Réserver au chaud dans un plat.

2 Ajouter l'oignon et les pommes dans la poêle, faire revenir 5 à 8 minutes, jusqu'à ce qu'ils soient dorés, et transférer dans un plat. Disposer les côtes de veau dessus, et réserver au chaud.

3 Faire fondre le beurre restant dans la poêle à feu doux, ajouter les champignons, l'estragon et le poivre et faire revenir 3 minutes. Parsemer de graines de sésame.

4 Porter à ébullition une casserole d'eau légèrement salée, ajouter les pâtes avec 1 cuillerée à soupe d'huile, et faire cuire 8 à 10 minutes, jusqu'à ce qu'elles soient al dente. Bien égoutter et transférer dans un plat allant au four.

5 Faire cuire les tomates et les feuilles de basilic 2 à 3 minutes au gril préchauffé à haute température. Parsemer les pâtes de mascarpone et arroser avec l'huile d'olive restante. Disposer les oignons, les pommes et la viande sur les pâtes, verser le mélange aux oignons sur les côtes de veau, ainsi que le jus de cuisson, saler et poivrer selon son goût. Garnir le plat avec les tomates et le basilic, et cuire au four préchauffé, à 150 °C (th. 5), 5 minutes.

6 Transférer dans 4 grandes assiettes chaudes et servir immédiatement.

4   PERSONNES

200 g de beurre
4 côtes de veau de 250 g chacune, parées
1 gros oignon, émincé
2 pommes, épluchées, évidées et coupées en tranches
175 g de champignons de Paris
1 cuil. à soupe d'estragon frais haché
8 grains de poivre noir
1 cuil. à soupe de graines de sésame
400 g de tagliatelles
100 ml d'huile d'olive vierge extra
2 grosses tomates, coupées en deux
feuilles d'un brin de basilic frais
175 g de mascarpone
sel et poivre

VALEURS NUTRITIONNELLES
Calories *1071* ; Glucides *79 g* ; Protéines *74 g* ;
Lipides *59 g* ; Acides gras saturés *16 g*

 difficile

20 minutes

45 minutes

Un plat exceptionnel à base de tendre viande de veau. Si vous ne trouvez pas de veau vous pouvez le remplacer par des escalopes de porc ou de dinde.

Veau *à* l'italienne

4 PERSONNES

60 g de beurre

1 cuil. à soupe d'huile d'olive

675 g de pommes de terre, pelées et coupées en cubes

4 escalopes de veau de 175 g chacune

1 oignon, coupé en huit

2 gousses d'ail, hachées

2 cuil. à soupe de farine

2 cuil. à soupe de concentré de tomates

150 ml de vin rouge

300 ml de bouillon de poulet

8 tomates mûres, pelées, épépinées et coupées en dés

25 g d'olive noires dénoyautées, coupées en deux

2 cuil. à soupe de basilic frais haché

sel et poivre

feuilles de basilic frais, en garniture

1 Faire chauffer le beurre et l'huile dans une grande poêle à feu moyen, ajouter les pommes de terre et laisser cuire 5 à 7 minutes en remuant fréquemment, jusqu'à ce qu'elles commencent à dorer.

2 Retirer les pommes de terre de la poêle à l'aide d'une écumoire et réserver.

3 Placer les escalopes dans la poêle, faire cuire 2 à 3 minutes de chaque côté et retirer de la poêle. Réserver.

4 Ajouter l'oignon et l'ail dans la poêle et faire cuire 2 à 3 minutes.

5 Ajouter la farine et le concentré de tomates, faire cuire 1 minute en remuant et mouiller progressivement avec le vin rouge et le bouillon, sans cesser de remuer, jusqu'à obtention d'une sauce homogène.

6 Remettre les pommes de terre et les escalopes dans la poêle, incorporer les tomates, les olives et le basilic haché, saler et poivrer selon son goût.

7 Transférer la préparation dans un plat allant au four et cuire au four préchauffé, à 180 °C (th. 6), 1 heure, jusqu'à ce que les pommes de terre et la viande soient bien cuites. Disposer dans 4 assiettes chaudes, garnir de feuilles de basilic et servir.

VALEURS NUTRITIONNELLES

Calories *592* ; Glucides *53 g* ; Protéines *44 g* ; Lipides *23 g* ; Acides gras saturés *9 g*

 difficulté moyenne

 25 minutes

 1 h 20

CONSEIL

Pour diminuer le temps de cuisson et obtenir une viande très tendre, aplatissez les escalopes à l'aide d'un maillet à viande ou d'un rouleau à pâtisserie avant de les cuire.

Les anchois sont souvent utilisés pour rehausser la saveur des plats, surtout ceux à base de viande. Pour cette recette, vous pouvez aussi utiliser des escalopes de veau ou de dinde.

Escalopes *à la* saucisse italienne

1 Faire chauffer l'huile dans une poêle à feu moyen, ajouter les anchois, les câpres, le zeste et le jus d'orange, la saucisse italienne, le romarin frais, et les tomates, et faire cuire 5 à 6 minutes, en remuant de temps en temps.

2 Disposer les escalopes de dinde ou de veau entre deux feuilles de papier sulfurisé et aplatir à l'aide d'un maillet à viande ou d'un rouleau à pâtisserie.

3 Ajouter la viande au contenu de la poêle, saler et poivrer selon son goût. Couvrir et cuire 3 à 5 minutes de chaque côté, un peu plus si la viande est épaisse.

4 Disposer dans 4 assiettes chaudes et servir avec de la polenta.

4 PERSONNES

1 cuil. à soupe d'huile d'olive
6 filets d'anchois en boîte, égouttés
1 cuil. à soupe de câpres, égouttées
zeste finement râpé et jus d'une orange
75 g de saucisse italienne, coupée en dés
1 cuil. à soupe de romarin frais, effeuillé
3 tomates, mondées et concassées
4 escalopes de dinde ou de veau de 125 g
   chacune
sel et poivre
polenta, en accompagnement

VALEURS NUTRITIONNELLES
Calories *233* ; Glucides *2 g* ; Protéines *28 g* ;
Lipides *13 g* ; Acides gras saturés *1 g*

 facile

 10 minutes

10 minutes

20 minutes

 **CONSEIL**

Remplacez la dinde ou le veau par 4 steaks minute, légèrement aplatis. Mettez-les à cuire dans la poêle 4 à 5 minutes sur la sauce.

Volaille

Pour les amateurs de volaille, voici une sélection de rôtis et
de ragoûts, et de plats à base de pâtes, agrémentés de tout
un choix d'ingrédients différents, diététiques et savoureux.
Si vous aimez la cuisine italienne, vous vous délecterez des
belles sauces et des grands classiques italiens, parmi lesquels
des plats traditionnels comme le ragoût de poulet à la
tomate et à l'orange et le poulet Marengo. Toutes ces recettes
appétissantes sont très faciles et rapides à préparer, tout
en étant nutritives et en vous offrant une large palette de
saveurs.

Des blancs de poulet recouverts de prosciutto et farcis d'un fromage crémeux aux fines herbes et à l'ail constituent un plat original.

Poulet *à* l'ail *et aux* fines herbes

4 PERSONNES

4 blancs de poulet, sans la peau
100 g de fromage à pâte molle aromatisé aux fines herbes et à l'ail
8 tranches de prosciutto
150 ml de vin rouge
150 ml de bouillon de poulet
1 cuil. à soupe de sucre roux
salade verte, en accompagnement

1 Pratiquer une incision horizontale dans la longueur de chaque blanc de poulet pour former une poche.

2 Dans une petite terrine, battre le fromage à l'aide d'une cuillère en bois pour le rendre lisse, et remplir de fromage les poches pratiquées dans les blancs de poulet.

3 Envelopper chaque blanc de poulet de 2 tranches de prosciutto et fermer avec de la ficelle de cuisine.

4 Verser le vin et le bouillon de poulet dans une grande poêle et porter à ébullition à feu moyen. Lorsque le liquide commence à bouillir, ajouter le sucre et mélanger jusqu'à ce qu'il soit dissous.

5 Ajouter les blancs de poulet, laisser mijoter 12 à 15 minutes, jusqu'à ce que le poulet soit tendre et rende un jus clair.

6 Retirer le poulet de la poêle et réserver au chaud.

7 Réchauffer la sauce et laisser bouillir jusqu'à ce qu'elle ait réduit et épaissi. Enlever la ficelle, découper le poulet en tranches, et napper de sauce. Servir accompagné de salade verte.

VALEURS NUTRITIONNELLES
Calories *272* ; Glucides *8 g* ; Protéines *29 g* ; Lipides *13 g* ; Acides gras saturés *6 g*

 facile

30 minutes

25 minutes

CONSEIL
Ajoutez au fromage 2 tomates séchées au soleil finement concassées à l'étape 2.

Ce ragoût de poulet est aromatisé des saveurs ensoleillées d'Italie. Les tomates séchées au soleil ajoutent une merveilleuse consistance à ce plat.

Ragoût *de* poulet *à la* tomate

1 Dans une grande sauteuse à fond épais, faire dorer les cuisses de poulet sans matière grasse à feu très doux, en les retournant de temps en temps. Jeter l'excédent de graisse à l'aide d'une écumoire et transférer le poulet dans une cocotte.

2 Dans la sauteuse, faire chauffer l'huile à feu moyen, ajouter l'oignon, l'ail et le poivron rouge, et faire revenir 3 à 4 minutes. Ajouter le contenu de la poêle dans la cocotte.

3 Ajouter le zeste et le jus d'orange, les tomates concassées et les tomates séchées, mouiller avec le bouillon et bien mélanger.

4 Porter à ébullition, couvrir et laisser mijoter environ 1 heure à feu très doux, en remuant de temps en temps. Ajouter le thym haché et les olives noires, saler et poivrer selon son goût.

5 Répartir le ragoût de poulet dans 4 assiettes chaudes, garnir de zeste d'orange et de brins de thym, et servir accompagné de pain frais.

4 PERSONNES

8 cuisses de poulet
2 cuil. à soupe d'huile d'olive
1 oignon rouge, émincé
2 gousses d'ail, hachées
1 gros poivron rouge, grossièrement émincé
zeste finement râpé et jus d'une petite
    orange
400 g de tomates concassées en boîte
25 g de tomates séchées, finement émincées
125 ml de bouillon de poulet
1 cuil. à soupe de thym frais haché
16 à 18 olives noires dénoyautées
sel et poivre
pain frais, en accompagnement

garniture
zeste d'orange
4 brins de thym frais

VALEURS NUTRITIONNELLES
Calories *320* ; Glucides *16 g* ; Protéines *34 g* ;
Lipides *17 g* ; Acides gras saturés *4 g*

★★★ difficulté moyenne
⏱ 15 minutes
🕐 1 h 15

CONSEIL

Les tomates séchées ont une consistance ferme et un goût très prononcé : elles relèvent le goût des plats mijotés.

Des tagliatelles fraîches
aux épinards, nappées
d'une riche sauce
à la tomate et d'une sauce
crémeuse au poulet,
constituent un plat
des plus appétissant.

Pâtes *à la* sauce *au* poulet

4 PERSONNES

250 g de tagliatelles vertes fraîches
1 cuil. à soupe d'huile d'olive
sel et poivre
feuilles de basilic frais, en garniture

sauce tomate

2 cuil. à soupe d'huile d'olive
1 petit oignon, haché
1 gousse d'ail, hachée
400 g de tomates concassées en boîte
2 cuil. à soupe de persil frais haché
1 cuil. à café d'origan séché
2 feuilles de laurier
1 cuil. à café de sucre
2 cuil. à soupe de concentré de tomates

sauce au poulet

4 cuil. à soupe de beurre
400 g de blanc de poulet, sans la peau
   et coupés en fines lanières
85 g d'amandes mondées
300 ml de crème fraîche épaisse

VALEURS NUTRITIONNELLES

Calories *995* ; Glucides *58 g* ; Protéines *36 g* ;
Lipides *74 g* ; Acides gras saturés *34 g*

 difficulté moyenne

15 minutes

45 minutes

1 Pour la sauce tomate, faire chauffer l'huile dans une casserole à feu moyen, ajouter l'oignon et faire cuire, jusqu'à ce qu'il soit translucide. Ajouter l'ail et faire revenir 1 minute. Incorporer les tomates, le persil, l'origan, le laurier, le sucre et le concentré de tomates, saler et poivrer selon son goût. Porter à ébullition et cuire à découvert 15 à 20 minutes, jusqu'à réduction de moitié. Retirer la casserole du feu et jeter le laurier.

2 Pour la sauce au poulet, faire fondre le beurre dans une sauteuse à feu moyen, ajouter le poulet et les amandes et faire revenir à feu vif 5 à 6 minutes, jusqu'à ce que le poulet soit bien cuit.

3 Pendant ce temps porter la crème épaisse à ébullition à feu doux, laisser mijoter 10 minutes, jusqu'à réduction de moitié. Ajouter au poulet, saler et poivrer selon son goût. Réserver au chaud.

4 Porter à ébullition une casserole d'eau légèrement salée, ajouter les pâtes et l'huile d'olive et laisser cuire 8 à 10 minutes, jusqu'à ce que les pâtes soient al dente. Bien égoutter, transférer dans un plat de service chaud, et verser la sauce tomate sur les pâtes. Répartir la sauce au poulet au centre du plat, garnir de quelques feuilles de basilic et servir immédiatement.

Toutes les saveurs
et les couleurs ensoleillées
de la Méditerranée
se retrouvent dans ce plat,
très simple à réaliser.

Pepperonata *au* poulet

1 Retirer la peau des cuisses de poulet et les fariner.

2 Faire chauffer l'huile dans une sauteuse à feu vif, ajouter le poulet et faire revenir, jusqu'à ce qu'il soit légèrement doré. Retirer le poulet de la sauteuse. Ajouter l'oignon dans la poêle et faire revenir à feu doux, jusqu'à ce qu'il soit fondant. Ajouter l'ail, les poivrons, les tomates et l'origan, et porter à ébullition sans cesser de remuer.

3 Disposer le poulet sur les légumes, saler et poivrer généreusement. Couvrir et laisser mijoter 20 à 25 minutes, jusqu'à ce que le poulet soit tendre et rende un jus clair quand on le pique dans sa partie la plus charnue.

4 Assaisonner selon son goût, transférer le poulet dans un grand plat de service et garnir de feuilles d'origan. Servir immédiatement.

4 PERSONNES

8 cuisses de poulet
2 cuil. à soupe de farine complète
2 cuil. à soupe d'huile d'olive
1 petit oignon, finement émincé
1 gousse d'ail, hachée
3 gros poivrons (1 vert, 1 rouge, 1 jaune),
  coupés en fines lanières
400 g de tomates concassées en boîte
1 cuil. à soupe d'origan haché
sel et poivre
feuilles d'origan frais, en garniture

VALEURS NUTRITIONNELLES
Calories *328* ; Glucides 20 *g* ; Protéines *35 g* ;
Lipides *15 g* ; Acides gras saturés 4 *g*

 CONSEIL

Pour plus de goût, coupez les poivrons en deux, et passez au gril préchauffé à haute température, jusqu'à ce que la peau noircisse. Laissez refroidir, retirez la peau et coupez la chair en fines lanières.

 facile

15 minutes

40 minutes

Une combinaison rafraîchissante de poulet et d'orange fait de ce plat un repas estival parfait.

Poulet, sauce *à* l'orange

4 PERSONNES

2 cuil. à soupe d'huile de pépins de raisin
3 cuil. à soupe d'huile d'olive
4 blancs de poulet de 225 g chacun, sans la peau
150 ml de cognac
2 cuil. à soupe de farine
150 ml de jus d'orange fraîchement pressé
25 g de courgettes, en julienne
25 g de poireau, finement émincé
25 g de poivron rouge, finement émincé
sel et poivre
400 g de spaghettis complets
3 grosses oranges, pelées et séparées en quartiers
zeste d'une orange, coupé en fines lanières
2 cuil. à soupe d'estragon frais haché
150 ml de ricotta ou de fromage blanc
feuilles d'estragon frais, en garniture

1 Faire chauffer l'huile de pépins de raisin avec 1 cuillerée à soupe d'huile d'olive dans une poêle à feu vif, ajouter le poulet et faire cuire jusqu'à ce qu'il soit bien doré. Ajouter le cognac et faire cuire 3 minutes. Saupoudrer de farine et faire cuire environ 2 minutes.

2 Réduire le feu, ajouter le jus d'orange, la courgette, le poireau et le poivron, saler et poivrer selon son goût. Laisser mijoter 5 minutes pour faire épaissir la sauce.

3 Pendant ce temps, porter à ébullition une casserole d'eau légèrement salée, ajouter les pâtes avec 1 cuillerée à soupe d'huile d'olive et cuire 10 minutes, jusqu'à ce qu'elles soient al dente. Bien égoutter, disposer dans un plat de service chaud et arroser avec le reste d'huile.

4 Ajouter la moitié des quartiers et des zestes d'orange, l'estragon haché et la ricotta dans la poêle et faire cuire 3 minutes en remuant.

5 Disposer le poulet sur les pâtes, napper avec un peu de sauce, et garnir des zestes et des quartiers d'orange restants, et de feuilles d'estragon. Servir immédiatement avec le reste de sauce.

VALEURS NUTRITIONNELLES
Calories *797* ; Glucides *105 g* ; Protéines *59 g* ; Lipides *25 g* ; Acides gras saturés *6 g*

 difficulté moyenne

15 minutes

 25 minutes

Ces brochettes originales prennent de délicieuses saveurs italiennes et le lard que l'on ajoute au poulet garantit un moelleux sans pareil.

Noisettes de poulet *en* brochettes

1 Mettre un blanc de poulet entre deux feuilles de film alimentaire, aplatir à l'aide d'un maillet à viande ou d'un rouleau à pâtisserie pour obtenir une épaisseur uniforme, et répéter l'opération avec les autres blancs.

2 Bien mélanger l'ail et le concentré de tomates, étaler uniformément cette préparation sur le poulet, et poser une tranche de lard sur chaque blanc. Disposer les feuilles de basilic par-dessus, saler et poivrer selon son goût.

3 Rouler les blancs et les couper en tranches épaisses.

4 Piquer ces tranches sur 4 brochettes en métal en veillant à ce qu'elles conservent leur forme.

5 Badigeonner légèrement d'huile, cuire environ 10 minutes au gril préchauffé à haute température ou au barbecue en retournant une fois, et servir immédiatement avec une salade verte.

4 PERSONNES

4 blancs de poulet, sans la peau
1 gousse d'ail, hachée
2 cuil. à soupe de concentré de tomates
4 tranches de lard maigre fumé
1 bonne poignée de feuilles de basilic frais
sel et poivre
2 cuil. à soupe d'huile, pour badigeonner
salade verte, en accompagnement

VALEURS NUTRITIONNELLES
Calories *231* ; Glucides *2 g* ; Protéines *29 g* ;
Lipides *13 g* ; Acides gras saturés *5 g*

 facile

8 h 15

 10 minutes

Une riche sauce caramélisée et parfumée au vinaigre balsamique donne à cette recette de poulet une saveur piquante.

Poulet *au* vinaigre balsamique

4 PERSONNES

4 cuisses de poulet désossées
2 gousses d'ail, hachées
200 ml de vin rouge
3 cuil. à soupe de vinaigre de vin blanc
sel et poivre
1 cuil. à soupe d'huile
15 g de beurre
4 échalotes
3 cuil. à soupe de vinaigre balsamique
2 cuil. à soupe de thym frais
polenta ou riz, en accompagnement

VALEURS NUTRITIONNELLES
Calories *148* ; Glucides *0,4 g* ; Protéines *11 g* ;
Lipides *8 g* ; Acides gras saturés *3 g*

 facile

8 h 10

 35 minutes

1 Pratiquer quelques incisions dans la peau du poulet. Badigeonner le poulet d'ail haché et transférer dans une grande terrine peu profonde.

2 Verser le vin et le vinaigre de vin blanc sur le poulet, saler et poivrer selon son goût. Couvrir de film alimentaire et laisser mariner au réfrigérateur une nuit entière.

3 Retirer les morceaux de poulet à l'aide d'une écumoire, bien égoutter et réserver la marinade.

4 Faire chauffer l'huile et le beurre dans une poêle à feu moyen, ajouter les échalotes et faire cuire 2 à 3 minutes, jusqu'à ce qu'elles commencent à fondre.

5 Ajouter les morceaux de poulet et cuire 3 à 4 minutes en retournant, jusqu'à ce qu'ils soient dorés, réduire le feu et ajouter la moitié de la marinade réservée. Couvrir et cuire 15 à 20 minutes, en ajoutant de la marinade si nécessaire.

6 Une fois que le poulet est tendre, ajouter le vinaigre balsamique et le thym et cuire encore 4 minutes.

7 Disposer le poulet et la sauce sur 4 assiettes chaudes et servir immédiatement avec de la polenta ou du riz.

CONSEIL

Pour que les morceaux de poulet soient bien présentés, vous pouvez les piquer sur des brochettes en bois ou les ficeler.

Les olives aromatisent à merveille les plats de volaille dans la région d'Apulie en Italie, d'où est originaire cette recette.

Poulet *aux* olives vertes

1 Faire chauffer l'huile d'olive et le beurre dans une sauteuse à feu moyen, ajouter les blancs de poulet et faire cuire, jusqu'à ce qu'ils soient dorés. Retirer le poulet de la poêle à l'aide d'une écumoire.

2 Ajouter l'oignon et l'ail dans la poêle et faire revenir à feu moyen, jusqu'à ce qu'ils soient juste tendres. Ajouter les poivrons et les champignons, et faire cuire 2 à 3 minutes. Ajouter les tomates, saler et poivrer selon son goût. Transférer les légumes dans une cocotte avec le poulet.

3 Verser le vin dans la poêle, porter à ébullition à feu moyen, verser sur le poulet, et couvrir. Cuire au four préchauffé, à 180 °C (th. 6), 50 minutes.

4 Ajouter les olives dans la cocotte, mélanger et verser la crème épaisse. Couvrir et remettre au four encore 10 à 20 minutes.

5 Pendant ce temps, porter à ébullition une casserole d'eau bouillante légèrement salée, ajouter les pâtes et l'huile restante, et faire cuire jusqu'à ce qu'elles soient al dente. Bien égoutter et transférer dans un plat de service chaud.

6 Disposer le poulet sur les pâtes, napper de sauce et garnir avec le persil. Les pâtes et le persil peuvent être servies séparément, et le poulet directement dans la cocotte.

4 PERSONNES

3 cuil. à soupe d'huile d'olive
25 g de beurre
4 blancs de poulet
1 gros oignon, finement haché
2 gousses d'ail, hachées
2 poivrons verts, jaunes ou rouges, évidés, épépinés et coupés en cubes
250 g de champignons de Paris, émincés
2 tomates, pelées et coupées en deux
sel et poivre
150 ml de vin blanc sec
175 g d'olives vertes dénoyautées
4 à 6 cuil. à soupe de crème fraîche épaisse
400 g de pâtes
persil plat frais haché, en garniture

VALEURS NUTRITIONNELLES
Calories *614* ; Glucides *55 g* ; Protéines *34 g* ; Lipides *30 g* ; Acides gras saturés *11 g*

⭐⭐   difficulté moyenne
   15 minutes
   1 h 30

Ce succulent plat méridional est aromatisé au pistou, un mélange de basilic, d'huile d'olive, de pignons et de parmesan.

Poulet grillé *et* toasts *au* pistou

4 PERSONNES

8 hauts de cuisse de poulet, en partie désossés
huile d'olive, pour badigeonner
400 ml de coulis de tomates
125 ml de pistou
12 tranches de pain
85 g de parmesan, fraîchement râpé
60 g de pignons ou d'amandes effilées
salade verte, en accompagnement

1 Placer les morceaux de poulet en une seule couche dans un plat allant au four, badigeonner légèrement d'huile d'olive, et faire cuire 15 minutes au gril préchauffé à haute température, en les retournant de temps en temps, jusqu'à ce qu'ils soient dorés.

2 Piquer une brochette dans la viande. Le jus qui s'écoule doit être clair, sans traces rosées.

3 Enlever tout excès de graisse. Faire chauffer le coulis de tomates et la moitié du pistou dans une casserole à feu doux, verser sur le poulet, et faire cuire encore quelques minutes au gril, en retournant le poulet pour qu'il soit bien enrobé.

4 Pendant ce temps, tartiner les tranches de pain avec le pistou restant, disposer le pain sur le poulet, et saupoudrer de parmesan. Parsemer de pignons, passer au gril 2 à 3 minutes, jusqu'à ce que la surface soit gratinée, et servir avec une salade verte.

VALEURS NUTRITIONNELLES
Calories *787* ; Glucides *76 g* ; Protéines *45 g* ;
Lipides *38 g* ; Acides gras saturés *9 g*

⭐⭐ facile
🕐 10 minutes
🕐 25 minutes

 CONSEIL

Conserver la peau du poulet augmente sa teneur en matières grasses, mais de nombreuses personnes en apprécient la saveur et la texture croustillante, surtout quand elle a été cuite au gril. Elle empêche aussi les sucs de s'écouler à la cuisson.

Voici un plat italien très apprécié, dans lequel des quartiers de poulet sont cuits dans une sauce de poivrons et de tomates.

Poulet chasseur

1 Rincer les morceaux de poulet à l'eau courante et essuyer avec du papier absorbant. Dans une assiette, mélanger la farine avec du sel et du poivre, et enduire légèrement les morceaux de poulet du mélange.

2 Faire chauffer l'huile dans une grande poêle à feu moyen, ajouter les morceaux de poulet et faire cuire, jusqu'à ce qu'ils soient dorés. Retirer le poulet de la poêle et réserver.

3 Jeter la matière grasse de la poêle en laissant 2 cuillerées à soupe. Mouiller avec le vin et mélanger quelques minutes. Ajouter les poivrons, la carotte, le céleri et l'ail, saler et poivrer selon son goût. Laisser mijoter environ 15 minutes.

4 Ajouter les tomates concassées dans la poêle, couvrir et laisser mijoter 30 minutes, en remuant fréquemment, jusqu'à ce que le poulet soit bien cuit.

5 Transférer le ragoût de poulet dans 4 grandes assiettes chaudes et servir.

4 PERSONNES

1 poulet à rôtir de 1,5 kg, coupé en 6 à 8 morceaux
125 g de farine
sel et poivre
3 cuil. à soupe d'huile d'olive
150 ml de vin blanc sec
1 poivron vert, épépiné et coupé en lanières
1 poivron rouge, épépiné et coupé en lanières
1 carotte, finement haché
1 branche de céleri, finement hachée
1 gousse d'ail, hachée
200 g de tomates concassées en boîte

VALEURS NUTRITIONNELLES
Calories *397* ; Glucides *26 g* ; Protéines *37 g* ;
Lipides *17 g* ; Acides gras saturés *4 g*

 facile

 20 minutes

 1 heure

Des morceaux de poulet sont mijotés dans une succulente sauce à base de moutarde douce et de citron, puis enrobés de graines de pavot, ils sont servis sur un lit de pâtes.

Poulet rôti *à la* moutarde

4 PERSONNES

8 découpes de poulet de 115 g chacune
60 g de beurre, fondu
4 cuil. à soupe de moutarde douce
   (*voir* « conseil »)
2 cuil. à soupe de jus de citron
1 cuil. à soupe de sucre roux
1 cuil. à café de paprika
sel et poivre
3 cuil. à soupe de graines de pavot
400 g de lumaconi frais
1 cuil. à soupe d'huile d'olive

1 Disposer les morceaux de poulet en une seule couche, côté peau au-dessus, dans un plat allant au four.

2 Mélanger le beurre, la moutarde, le jus de citron, le sucre, le paprika, le sel et le poivre dans une petite terrine, badigeonner le poulet de la moitié du mélange et faire cuire au four préchauffé, à 200°C (th. 6-7), 15 minutes.

3 Retirer le plat du four, retourner délicatement les morceaux de poulet, et enduire de nouveau avec le reste du mélange à la moutarde. Parsemer de graines de pavot, et remettre au four encore 15 minutes.

4 Pendant ce temps, porter à ébullition une casserole d'eau légèrement salée, ajouter les pâtes et l'huile d'olive, et faire cuire 8 à 10 minutes, jusqu'à ce que les pâtes soient al dente.

5 Égoutter soigneusement les pâtes, transférer dans un plat de service chaud et disposer les morceaux de poulet par dessus. Napper avec la sauce et servir immédiatement.

VALEURS NUTRITIONNELLES

Calories *652* ; Glucides *51 g* ; Protéines *51 g* ; Lipides *31 g* ; Acides gras saturés *12 g*

⭐⭐ facile

🕐 10 minutes

🕐 35 minutes

 CONSEIL

La moutarde de Dijon, la plus forte, est la plus couramment utilisée dans la cuisine. D'autres moutardes sont aromatisées, à l'estragon ou au miel, par exemple. La moutarde à l'ancienne, dans laquelle les grains sont entiers, est plus douce.

Napoléon commanda
à son cuisinier un repas
somptueux au terme
de la bataille de Marengo,
celui-ci fit son possible
pour créer un plat
de fête – voici le résultat.

Poulet marengo

1 À l'aide d'un couteau tranchant, désosser chaque morceau de poulet.

2 Faire chauffer l'huile dans une poêle à feu moyen, ajouter les morceaux de poulet et faire cuire 4 à 5 minutes en retournant de temps en temps, jusqu'à ce qu'ils soient dorés.

3 Ajouter le coulis de tomates et les fines herbes, mouiller avec le vin et porter à ébullition à feu moyen. Laisser mijoter 30 minutes, jusqu'à ce que le poulet soit tendre et rende un jus clair quand on le pique dans sa partie la plus charnue.

4 Mélanger le beurre fondu et l'ail haché. Faire griller les tranches de pain au gril préchauffé à haute température, tartiner légèrement de beurre à l'ail, et réserver au chaud.

5 Faire chauffer l'huile restante dans une autre poêle à feu doux, ajouter les champignons et cuire 2 à 3 minutes, jusqu'à qu'ils dorent.

6 Ajouter les olives et le sucre à la poêle contenant le poulet et réchauffer.

7 Transférer le poulet et la sauce dans 4 assiettes chaudes, garnir de feuilles de basilic et servir avec les toasts et les champignons.

4 PERSONNES

8 découpes de poulet
2 cuil. à soupe d'huile d'olive
300 g de coulis de tomates
200 ml de vin blanc
2 cuil. à café de mélange de fines herbes déshydratées
40 g de beurre, fondu
2 gousses d'ail, hachées
8 tranches de pain blanc
100 g de champignons mélangés (par exemple cèpes, pleurotes, champignons de Paris)
16 à 18 olives noires, dénoyautées et hachées
1 cuil. à café de sucre
basilic frais, en garniture

VALEURS NUTRITIONNELLES
Calories *521* ; Glucides *40 g* ; Protéines *47 g* ; Lipides *19 g* ; Acides gras saturés *8 g*

✪✪✪ difficulté moyenne

🕐 20 minutes

🕐 50 minutes

Une sauce aux framboises et au miel contrebalance superbement la riche saveur du canard.

Filets de canette *aux* framboises

4 PERSONNES

4 filets de canette de 280 g chacun
2 cuil. à soupe de beurre
50 g de carottes, finement hachées
50 g d'échalotes, finement hachées
1 cuil. à soupe de jus de citron
150 ml de bouillon de poulet
4 cuil. à soupe de miel
115 g de framboises fraîches ou décongelées
  si nécessaire
3 cuil. à soupe de farine
1 cuil. à soupe de sauce Worcester
400 g de linguine frais
1 cuil. à soupe d'huile d'olive
sel et poivre

garniture
framboises fraîches
1 brin de persil plat frais

VALEURS NUTRITIONNELLES

Calories *686* ; Glucides *85 g* ; Protéines *62 g* ;
Lipides *20 g* ; Acides gras saturés *7 g*

★★ difficulté moyenne

🕐 15 minutes

🕐 25 minutes

1 À l'aide d'un couteau, pratiquer plusieurs incisions sur les filets de canette, saler et poivrer selon son goût. Faire fondre le beurre dans une poêle à feu doux, ajouter les filets et faire revenir, jusqu'à ce qu'ils soient légèrement colorés des deux côtés.

2 Ajouter les carottes, les échalotes, le jus de citron, mouiller avec 75 ml de bouillon, et laisser mijoter 2 minutes. Incorporer la moitié du miel et des framboises, saupoudrer de la moitié de la farine et cuire 3 minutes sans cesser de remuer. Ajouter la sauce Worcester, saler et poivrer selon son goût.

3 Mouiller avec le bouillon restant, faire cuire 2 minutes, et incorporer le reste de miel et de framboises. Saupoudrer de la farine restante, et cuire encore 3 minutes.

4 Retirer les filets de la poêle et réserver au chaud. Laisser mijoter la sauce à feu très doux.

5 Porter à ébullition un casserole d'eau légèrement salée, ajouter les pâtes et l'huile d'olive, et faire cuire 8 à 10 minutes, jusqu'à ce qu'elles soient al dente. Bien égoutter et transférer dans 4 assiettes chaudes.

6 Couper les filets en tranches d'environ 5 mm d'épaisseur. Verser la sauce sur les pâtes, disposer les filets de canette en éventail, et garnir de brins de persil et de framboises. Servir.

Le perdreau a une saveur plus délicate que la plupart des gibiers, cette délicate sauce au pistou l'accommode merveilleusement.

Perdreau rôti *au* pistou *et au* citron vert

1 Préparer un pistou (*voir* page 128) et réserver.

2 Disposer les morceaux de perdreau en une seule couche, côté lisse en-dessous, dans un plat allant au four. Mélanger le beurre, la moutarde, le jus de citron vert et le sucre roux dans une terrine, saler et poivrer selon son goût. Badigeonner le dessus des morceaux de perdreau avec la moitié de la préparation, et cuire au four préchauffé, à 210 °C (th. 7), 15 minutes.

3 Retirer le plat du four et badigeonner les morceaux de perdreau avec 3 cuillerées à soupe de pistou. Remettre au four et faire cuire encore 12 minutes.

4 Retirer le plat du four, retourner délicatement les morceaux de perdreau, et badigeonner le dessus avec le reste de la préparation à la moutarde. Cuire au four encore 10 minutes.

5 Pendant ce temps, porter à ébullition une casserole d'eau salée, ajouter les pâtes et l'huile d'olive, et cuire environ 10 minutes, jusqu'à ce que les pâtes soient al dente. Bien égoutter, transférer dans un plat de service, et mélanger les pâtes avec le pistou restant et le parmesan.

6 Disposer les morceaux de perdreau sur le plat avec les pâtes, et arroser de jus de cuisson.

4 PERSONNES

6 cuil. à soupe de pistou (*voir* page 128)
8 découpes de perdreau de 115 g chacun
60 g de beurre, en pommade
4 cuil. à soupe de moutarde de Dijon
2 cuil. à soupe de jus de citron vert
1 cuil. à soupe de sucre roux
sel et poivre
450 g de rigatonis
1 cuil. à soupe d'huile d'olive
115 g de parmesan, fraîchement râpé

VALEURS NUTRITIONNELLES
Calories *895* ; Glucides *50 g* ; Protéines *79 g* ; Lipides *45 g* ; Acides gras saturés *18 g*

 difficile

15 minutes

40 minutes

Pâtes *et* Riz

Les pâtes et le riz sont faciles et rapides à cuire, et peuvent s'associer à d'autres ingrédients pour constituer une étonnante variété de plats. Pour faire cuire les pâtes, portez à ébullition une casserole d'eau légèrement salée à feu moyen, puis plongez-y les pâtes. Laissez cuire à gros bouillons, à découvert. Quand les pâtes sont juste tendres, al dente, égouttez-les, puis mélangez-les avec un peu de beurre ou d'huile d'olive, ou avec une sauce. Comme repère, sachez que des pâtes fraîches non farcies cuisent en 3 minutes, des pâtes fraîches farcies en 10 minutes, et des pâtes sèches en 10 à 15 minutes.

Pour faire du riz basmati, faites-le tremper 20 à 30 minutes pour empêcher que les grains ne s'agrègent, puis plongez-le dans une casserole d'eau légèrement salée frémissante. Remuez, puis laissez cuire jusqu'à ce que le riz soit tendre mais encore ferme sous la dent. Le riz peut prendre jusqu'à 20 minutes pour cuire. Comptez entre 60 et 75 g par personne.

La recette originale nécessite environ 4 heures de cuisson, et doit être réservée une nuit entière pour permettre aux arômes de se mélanger. Cette version est bien plus rapide.

Spaghettis *à la* bolognaise

4 PERSONNES

1 cuil. à soupe d'huile d'olive
1 oignon, finement haché
2 gousses d'ail, hachées
1 carotte, hachée
1 branche de céleri, hachée
50 g de pancetta ou de lard maigre, coupé en dés
350 g de bœuf maigre haché
400 g de tomates concassées
2 cuil. à café d'origan séché
125 ml de vin rouge
2 cuil. à soupe de concentré de tomates
sel et poivre
675 g de spaghettis frais ou 350 g de spaghettis secs
parmesan fraîchement râpé, en garniture (facultatif)

1 Faire chauffer l'huile d'olive dans une poêle à feu moyen, ajouter l'oignon et faire revenir 3 minutes.

2 Ajouter l'ail, la carotte, le céleri et la pancetta ou le lard, et faire revenir à feu vif 3 à 4 minutes, jusqu'à ce que le mélange commence à dorer.

3 Ajouter le bœuf et cuire à feu vif encore 3 minutes, jusqu'à ce que la viande soit dorée.

4 Incorporer les tomates, l'origan, mouiller avec le vin rouge, et porter à ébullition à feu moyen. Réduire le feu et laisser mijoter environ 45 minutes.

5 Incorporer le concentré de tomates, saler et poivrer selon son goût.

6 Porter à ébullition une casserole d'eau légèrement salée, ajouter les pâtes et faire cuire 8 à 10 minutes, jusqu'à ce qu'elles soient al dente. Bien égoutter.

7 Transférer les spaghettis dans un plat de service chaud, napper de sauce bolognaise, et bien mélanger. Servir éventuellement saupoudré de parmesan.

VALEURS NUTRITIONNELLES
Calories *591* ; Glucides *647 g* ; Protéines *29 g* ;
Lipides *24 g* ; Acides gras saturés *9 g*

 facile

20 minutes

 1 h 05

CONSEIL

À l'étape 4, ajoutez 25 g de cèpes deshydratés, que vous aurez mis à tremper 10 minutes dans 2 cuillerées à soupe d'eau chaude.

Recette familiale traditionnelle, ce plat regorge de saveurs. Servez-le avec une salade croquante pour un savoureux repas facile à préparer.

Macaronis *aux* trois fromages

1 Préparer une béchamel (*voir* page 14), transférer dans une terrine et couvrir de film alimentaire pour éviter la formation d'une pellicule à la surface. Réserver.

2 Porter à ébullition une grande casserole d'eau légèrement salée à feu moyen, ajouter les pâtes et faire cuire 8 à 10 minutes, jusqu'à ce qu'elles soient al dente. Égoutter soigneusement et transférer dans un plat allant au four graissé.

3 Incorporer l'œuf battu, l'emmental râpé, la moutarde et la ciboulette dans la béchamel, saler et poivrer selon son goût.

4 Napper les macaronis avec la béchamel en les recouvrant bien, et disposer par-dessus les rondelles de tomates en une seule couche.

5 Parsemer régulièrement la préparation de mozzarella, de roquefort et de graines de tournesol, placer le plat sur une plaque à four et faire cuire au four préchauffé, à 190 °C (th. 6-7), 25 à 30 minutes, jusqu'à ce que la surface soit gratinée.

6 Garnir le gratin de pâtes de ciboulette ciselée et servir immédiatement dans 4 grandes assiettes chaudes.

4 PERSONNES

600 ml de béchamel (*voir* page 14)
225 g de macaronis
1 œuf, battu
125 g d'emmental ou de gruyère, fraîchement râpé
1 cuil. à soupe de moutarde à l'ancienne
2 cuil. à soupe de ciboulette ciselée
sel et poivre
4 tomates, coupées en rondelles
125 g de mozzarella, émiettée
55 g de roquefort (ou bleu), émietté
2 cuil. à soupe de graines de tournesol
ciboulette fraîche ciselée, en garniture

VALEURS NUTRITIONNELLES
Calories *672* ; Glucides *50 g* ; Protéines *31 g* ; Lipides *44 g* ; Acides gras saturés *23 g*

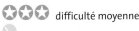

✪✪✪ difficulté moyenne
🕐 30 minutes
🕐 45 minutes

Ces crêpes peuvent être préparées avec vos légumes préférés – vous pouvez, par exemple, utiliser du panais râpé et 1 cuillerée à soupe de moutarde.

Crêpe *de* coquillettes *au* maïs

4 PERSONNES

2 épis de maïs
60 g de beurre
115 g de poivrons rouges, évidés, épépinés et coupés en dés
285 g de coquillettes
150 ml de crème fraîche épaisse
25 g de farine
4 jaunes d'œufs
4 cuil. à soupe d'huile d'olive
sel et poivre

accompagnement
pleurotes
poireaux frits

1 Porter à ébullition une casserole d'eau à feu moyen, ajouter les épis de maïs et faire cuire environ 8 minutes. Bien égoutter, rafraîchir 3 minutes à l'eau courante, et détacher délicatement les grains de maïs. Laisser sécher.

2 Faire fondre 25 g de beurre dans une poêle à feu doux, ajouter les poivrons et faire cuire 4 minutes. Égoutter et sécher avec du papier absorbant.

3 Porter à ébullition une casserole d'eau légèrement salée, ajouter les pâtes et faire cuire environ 12 minutes, jusqu'à ce qu'elles soient al dente. Égoutter et laisser refroidir dans de l'eau.

4 Battre dans une terrine la crème épaisse, la farine, 1 pincée de sel et les jaunes d'œufs, jusqu'à obtention d'un mélange homogène, ajouter le maïs et les poivrons. Égoutter les pâtes, mélanger à la préparation, saler et poivrer selon son goût.

5 Faire chauffer le beurre restant et l'huile dans une grande poêle à feu moyen, verser la préparation et aplatir le mélange en galette. Faire revenir jusqu'à ce que les deux côtés soient dorés, sécher avec du papier absorbant, et servir avec des pleurotes et des poireaux frits.

VALEURS NUTRITIONNELLES
Calories *702* ; Glucides *59 g* ; Protéines *13 g* ; Lipides *50 g* ; Acides gras saturés *23 g*

⭐⭐⭐ difficulté moyenne
 15 minutes
40 minutes

Une sauce tomate aux accents italiens, à base de tomates fraîches, qui accommode parfaitement tout type de pâtes.

Pâtes *à la* sauce tomate *à* l'italienne

1 Pour la sauce, faire chauffer l'huile dans une sauteuse à feu doux, ajouter l'oignon et l'ail et faire revenir, jusqu'à ce qu'ils soient fondants.

2 Ajouter les tomates, le concentré de tomates et l'eau dans la sauteuse, saler et poivrer selon son goût. Porter à ébullition à feu doux, couvrir et laisser mijoter 10 minutes.

3 Pendant ce temps, porter à ébullition une casserole d'eau légèrement salée à feu moyen, ajouter les pâtes et faire cuire 8 à 10 minutes, jusqu'à ce que les pâtes soient al dente. Bien égoutter et transférer dans 4 assiettes chaudes.

4 Faire revenir le lard dans une sauteuse à feu doux, jusqu'à ce que la graisse ait fondue, ajouter les champignons et faire revenir 3 à 4 minutes à feu moyen. Égoutter sur du papier absorbant.

5 Ajouter le lard et les champignons à la sauce avec le persil ou la coriandre et éventuellement la crème aigre, réchauffer à feu doux et servir immédiatement avec les pâtes.

4 PERSONNES

1 cuil. à soupe d'huile d'olive
1 petit oignon, finement haché
1 ou 2 gousses d'ail, hachées
4 tomates, pelées et concassées
2 cuil. à café de concentré de tomates
2 cuil. à soupe d'eau
300 à 350 g de pâtes fantaisies
85 g de lard maigre fumé, coupés en lardons
40 g de champignons de Paris, émincés
1 cuil. à soupe de persil frais haché
    ou de coriandre fraîche hachée
2 cuil. à soupe de crème aigre (facultatif)
sel et poivre

VALEURS NUTRITIONNELLES

Calories *304* ; Glucides *39 g* ; Protéines *15 g* ; Lipides *14 g* ; Acides gras saturés *5 g*

 très facile

10 minutes

 25 minutes

Diverses sortes de légumes sont associées en une présentation très appétissante, pour un plat estival léger.

Pâtes *au* brocoli *et* asperge

4 PERSONNES

225 g de gemelli ou autre pâtes sèches
1 tête de brocoli, en fleurettes
2 courgettes, coupées en rondelles
225 g de pointes d'asperges
115 g de pois mange-tout
115 g de petits pois surgelés
2 cuil. à soupe de beurre
3 cuil. à soupe de bouillon de légumes
4 cuil. à soupe de crème fraîche épaisse
sel et poivre
noix muscade fraîchement râpée
2 cuil. à soupe de persil frais haché
2 cuil. à soupe de parmesan fraîchement râpé

VALEURS NUTRITIONNELLES
Calories *517* ; Glucides *47 g* ; Protéines *17 g* ;
Lipides *32 g* ; Acides gras saturés *18 g*

⭐⭐ facile

 10 minutes

🕐 25 minutes

1 Porter à ébullition une casserole d'eau légèrement salée à feu moyen, ajouter les pâtes et laisser cuire 8 à 10 minutes, jusqu'à ce que les pâtes soient al dente. Bien égoutter, couvrir et réserver au chaud.

2 Faire cuire le brocoli, les courgettes, les pointes d'asperges et les pois mange-tout à la vapeur au-dessus d'une casserole d'eau bouillante, jusqu'à ce qu'ils soient tendres, retirer du feu et rafraîchir à l'eau courante. Égoutter et réserver.

3 Porter à ébullition une casserole d'eau légèrement salée, ajouter les petits pois et cuire 3 minutes. Égoutter, rafraîchir à l'eau courante et égoutter de nouveau. Réserver avec les autres légumes.

4 Faire chauffer le beurre avec le bouillon de légumes dans une casserole à feu moyen, ajouter tous les légumes, en réservant des pointes d'asperges, et faire revenir en remuant délicatement avec une cuillère en bois jusqu'à ce qu'ils soient bien chauds, en prenant soin de ne pas les casser.

5 Incorporer la crème épaisse, bien faire chauffer le tout sans faire bouillir, et assaisonner de sel, de poivre et de noix muscade selon son goût.

6 Transférer les pâtes dans un plat de service chaud, incorporer le persil haché, et verser la sauce aux légumes. Saupoudrer de parmesan, disposer les pointes d'asperges réservées par dessus et servir.

Des brocolis enrobés d'une sauce crémeuse sont servis sur un lit de tagliatelles aux fines herbes. Parsemez de pignons grillés pour ajouter du croquant à cette délicieuse recette.

Pâtes *au* brocoli *et à* l'ail

1 Couper le brocoli en fleurettes régulières. Porter à ébullition une grande casserole d'eau légèrement salée à feu moyen, ajouter les brocolis et faire bouillir 3 minutes. Égoutter immédiatement.

2 Faire fondre le fromage frais à feu doux dans une poêle, sans cesser de remuer, et incorporer le lait afin d'obtenir un mélange homogène.

3 Ajouter le brocoli au fromage et mélanger délicatement, jusqu'à ce que le brocoli soit bien enrobé.

4 Porter à ébullition une grande casserole d'eau légèrement salée à feu moyen, ajouter les pâtes et faire cuire 3 à 5 minutes, jusqu'à ce que les pâtes soient al dente.

5 Bien égoutter les pâtes, répartir dans 4 assiettes chaudes, et disposer les brocolis au fromage par-dessus. Saupoudrer de parmesan râpé, garnir de ciboulette ciselée et servir immédiatement.

4   PERSONNES

500 g de brocoli
300 g de fromage frais à l'ail et aux fines herbes
4 cuil. à soupe de lait
sel
350 g de tagliatelles vertes fraîches
25 g de parmesan, fraîchement râpé
ciboulette fraîche ciselée, en garniture

VALEURS NUTRITIONNELLES
Calories *424* ; Glucides *42,5 g* ; Protéines *15 g* ; Lipides *7,7 g* ; Acides gras saturés *18 g*

 facile

10 minutes

15 minutes

CONSEIL

La sauce au brocoli accommode parfaitement des pâtes aromatisées aux fines herbes, à défaut utilisez des tagliatelles vertes ou des *paglia e fieno* (littéralement « paille et foin », de fines pâtes vertes et jaunes).

L'alliance des haricots blancs et des pâtes cuits dans une cocotte promet un repas d'hiver nourrissant.

Pennes *et* haricots blancs *en* cocotte

4 PERSONNES

225 g de haricots blancs secs, mis à tremper la veille et égouttés
225 g de pennes
5 cuil. à soupe d'huile d'olive
850 ml de bouillon de légumes
2 gros oignons, émincés
2 gousses d'ail, hachées
2 feuilles de laurier
1 cuil. à café d'origan séché
1 cuil. à café de thym séché
5 cuil. à soupe de vin rouge
2 cuil. à soupe de concentré de tomates
2 branches de céleri, émincées
1 bulbe de fenouil, émincé
115 g de champignons, émincés
225 g de tomates, coupées en rondelles
sel et poivre
1 cuil. à café de sucre de canne brun
4 cuil. à soupe de chapelure blanche
salade verte, en accompagnement

1 Mettre les haricots blancs dans une casserole, recouvrir d'eau froide, et porter à ébullition. Faire cuire 20 minutes à gros bouillons, égoutter et réserver au chaud.

2 Porter à ébullition une casserole d'eau légèrement salée à feu moyen, ajouter les pâtes et 1 cuillerée à soupe d'huile d'olive, et faire cuire environ 3 minutes. Bien égoutter et réserver au chaud.

3 Mettre les haricots dans une grande cocotte. Ajouter le bouillon de légumes et incorporer l'huile d'olive restante, les oignons, l'ail, le laurier, l'origan, le thym, le vin et le concentré de tomates. Porter à ébullition à feu moyen, couvrir et cuire au four préchauffé, à 180 °C (th. 6), 2 heures.

4 Ajouter les pâtes, le céleri, le fenouil, les champignons et les tomates au contenu de la cocotte, saler et poivrer selon son goût. Incorporer le sucre, parsemer de chapelure, et couvrir. Faire cuire 1 heure au four.

5 Retirer la cocotte du four, transférer dans 4 assiettes chaudes et servir avec une salade verte.

VALEURS NUTRITIONNELLES
Calories *323* ; Glucides *46 g* ; Protéines *13 g* ;
Lipides *12 g* ; Acides gras saturés *2 g*

✪✪✪ difficulté moyenne

🕐 25 minutes

🕐 3 h 30

Un mélange méditerranéen de poivrons rouges, d'ail et de courgettes, cuit à l'huile d'olive et mélangé avec des fusillis.

Pâtes *à la* sauce *aux* légumes

1 Faire chauffer l'huile dans une poêle ou une cocotte à feu moyen, ajouter l'oignon et l'ail, et faire revenir en remuant de temps en temps, jusqu'à ce qu'ils soient tendres. Ajouter les poivrons et les courgettes, et faire cuire 5 minutes en remuant de temps en temps.

2 Ajouter les tomates, le concentré de tomates et le basilic, saler, poivrer selon son goût. Couvrir et laisser mijoter 5 minutes.

3 Pendant ce temps, porter à ébullition une grande casserole d'eau légèrement salée à feu moyen, ajouter les pâtes et faire cuire 8 à 10 minutes, jusqu'à ce que les pâtes soient al dente. Bien égoutter, ajouter aux légumes et mélanger délicatement.

4 Mettre la préparation dans un plat allant au four et saupoudrer de gruyère.

5 Passer quelques minutes au gril préchauffé à haute température, jusqu'à ce que la surface soit gratinée, disposer dans 4 assiettes chaudes, et garnir de brins de basilic. Servir.

4 PERSONNES

3 cuil. à soupe d'huile d'olive
1 oignon, émincé
2 gousses d'ail, hachées
3 poivrons rouges, épépinés et coupés en lanières
3 courgettes, coupées en rondelles
400 g de tomates concassées en boîte
3 cuil. à café de concentré de tomates séchées au soleil
2 cuil. à soupe de basilic frais haché
225 g de fusillis frais
125 g de gruyère, fraîchement râpé
sel et poivre
brins de basilic frais, en garniture

VALEURS NUTRITIONNELLES
Calories *341* ; Glucides *38 g* ; Protéines *13 g* ;
Lipides *20 g* ; Acides gras saturés *8 g*

  très facile

15 minutes

20 minutes

 CONSEIL

Veillez à ne pas trop faire cuire les pâtes, elles doivent être « al dente » (ferme sous la dent). Quelques minutes de cuisson supplémentaires les rendraient pâteuses.

Le pistou s'accommode aussi bien avec les salades et les soupes que les pâtes. Vous en trouverez en grande surface, toutefois, il est bien meilleur fait maison.

Pâtes fraîches *au* pistou

4 PERSONNES

environ 40 feuilles de basilic frais, lavées et séchées
25 g de pignons
3 gousses d'ail, hachées
50 g de parmesan, finement râpé
2 à 3 cuil. à soupe d'huile d'olive vierge extra
sel et poivre
650 g de pâtes fraîches ou 350 g de pâtes sèches

1 Rincer les feuilles de basilic à l'eau courante et les sécher avec du papier absorbant.

2 Mettre le basilic, les pignons, l'ail et le parmesan râpé dans un robot de cuisine et mixer 30 secondes, jusqu'à obtention d'une consistance homogène, ou piler les ingrédients dans un mortier.

3 Au robot de cuisine, ajouter progressivement, moteur en marche, l'huile d'olive, ou ajouter l'huile goutte à goutte en fouettant vivement. Saler et poivrer selon son goût.

4 Pendant ce temps, porter une casserole d'eau légèrement salée à ébullition à feu moyen, ajouter les pâtes et cuire jusqu'à ce qu'elles soient al dente. Bien égoutter.

5 Transférer les pâtes dans 4 assiettes chaudes et servir avec le pistou. Mélanger soigneusement et servir immédiatement.

VALEURS NUTRITIONNELLES
Calories 155 ; Glucides 3 g ; Protéines 5,2 g ; Lipides 14,6 g ; Acides gras saturés 8 g

 très facile
15 minutes
 10 minutes

 CONSEIL

Vous pouvez conserver le pistou environ 4 semaines au réfrigérateur. Recouvrez la surface du pistou d'huile d'olive avant de fermer le récipient, ou bocal, pour éviter que le basilic ne s'oxyde et ne noircisse.

Ce plat très simple à réaliser était traditionnellement cuisiné par les habitants pauvres de Rome. Il est maintenant proposé dans tous les restaurants.

Spaghetti olio *e* aglio

1 Réserver 1 cuillerée à soupe d'huile d'olive, faire chauffer le reste dans une casserole à feu moyen, et ajouter l'ail et une pincée de sel. Faire revenir à feu doux, sans cesser de remuer, jusqu'à ce que l'ail soit doré. Il est impératif que l'ail ne brûle pas car son arôme serait dénaturé. (Si vous le laisser brûler il vous faudra recommencer la recette depuis le début !)

2 Pendant ce temps, porter à ébullition une grande casserole d'eau légèrement salée, ajouter les pâtes et l'huile restante et cuire 2 à 3 minutes, jusqu'à ce que les pâtes soient al dente. Bien égoutter et remettre dans la casserole.

3 Ajouter l'huile d'olive à l'ail dans les pâtes et mélanger pour bien les enrober. Saler, poivrer selon son goût, ajouter le persil et bien mélanger.

4 Transférer les spaghettis dans 4 assiettes chaudes et servir immédiatement.

4 PERSONNES

125 ml d'huile d'olive
3 gousses d'ail, hachées
450 g de spaghettis frais
sel et poivre
3 cuil. à soupe de persil frais grossièrement haché

VALEURS NUTRITIONNELLES
Calories *477* ; Glucides *38,8 g* ; Protéines *0,6 g* ; Lipides *40 g* ; Acides gras saturés *3 g*

 facile

10 minutes

10 minutes

 CONSEIL

Les huiles d'olive provenant d'Italie, d'Espagne ou de Grèce, ont chacune des caractéristiques particulières. Certaines huiles ont un goût poivré, d'autres ont un goût moins relevé.

Voici un plat simple, au goût frais de légumes verts, de tofu et de pâtes, le tout légèrement parfumé d'huile d'olive.

Fusillis *au* tofu *et* légumes

4 PERSONNES

225 g d'asperges
115 g de haricots mange-tout
225 g de haricots verts
1 poireau
225 g de fèves, épluchées
300 g de fusillis
sel et poivre
2 cuil. à soupe d'huile d'olive
2 cuil. à soupe de beurre
1 gousse d'ail, hachée
225 g de tofu, coupé en cubes de 2,5 cm de côté (poids égoutté)
55 g d'olives vertes en saumure dénoyautés, égouttées
parmesan fraîchement râpé, en accompagnement

VALEURS NUTRITIONNELLES

Calories *400* ; Glucides *51 g* ; Protéines *19 g* ; Lipides *17 g* ; Acides gras saturés *5 g*

   facile

25 minutes

20 minutes

1 Couper les asperges en tronçons de 5 cm. Émincer finement les haricots mange-tout en biais et les haricots verts en tronçons de 2,5 cm. Émincer finement le poireau.

2 Porter à ébullition une grande casserole d'eau légèrement salée à feu moyen, ajouter les asperges, les haricots verts et les fèves. ramener au point d'ébullition et faire blanchir 4 minutes. Bien égoutter, rincer à l'eau courante, et égoutter de nouveau. Réserver.

3 Porter à ébullition une grande casserole d'eau légèrement salée à feu moyen, ajouter les pâtes et faire cuire 8 à 10 minutes, jusqu'à ce que les pâtes soient al dente. Bien égoutter et ajouter 1 cuillère à soupe d'huile, bien mélanger, saler et poivrer selon son goût.

4 Pendant ce temps, faire chauffer le reste d'huile et le beurre dans un wok préchauffé ou une sauteuse à feu doux, ajouter le poireau, l'ail et le tofu, et faire revenir à feu doux 1 à 2 minutes, jusqu'à ce que les légumes soient juste tendres.

5 Ajouter les haricots mange-tout et faire cuire encore 1 minute.

6 Ajouter les légumes blanchis et les olives dans le wok ou la sauteuse et réchauffer le mélange 1 minute. Incorporer délicatement les pâtes au mélange, rectifier l'assaisonnement si nécessaire et réchauffer 1 minute. Disposer dans un plat de service chaud et servir immédiatement avec du parmesan.

Une sauce tomate rafraîchissante et délicatement épicée accompagne ces tagliatelles pour un déjeuner ou un dîner léger.

Tagliatelles *à la* sauce tomate épicée

1 Faire fondre le beurre dans une casserole à feu doux, ajouter l'oignon et l'ail, et faire revenir 3 à 4 minutes, jusqu'à ce qu'ils soient fondants.

2 Ajouter les piments et faire cuire 2 minutes.

3 Ajouter les tomates, mouiller avec le bouillon et réduire le feu. Laisser mijoter 10 minutes sans cesser de remuer.

4 Verser la sauce dans un robot de cuisine et mixer 1 minute, jusqu'à obtention d'une consistance homogène, ou passer la sauce au chinois en écrasant les ingrédients solides.

5 Remettre la sauce dans la casserole, ajouter le concentré de tomates, le sucre, saler et poivrer selon son goût. Réchauffer à feu très doux jusqu'à ce que la sauce soit brûlante.

6 Porter à ébullition une casserole d'eau légèrement salée, ajouter les pâtes et cuire, jusqu'à ce qu'elles soient cuites al dente. Bien égoutter, répartir dans 4 assiettes chaudes, et servir immédiatement avec la sauce tomate.

4 PERSONNES

50 g de beurre
1 oignon, finement haché
1 gousse d'ail, hachée
2 petits piments rouges, épépinés et émincés
450 g de tomates fraîches, mondées, épépinées et coupées en dés
200 ml de bouillon de légumes
2 cuil. à soupe de concentré de tomates
1 cuil. à café de sucre
sel et poivre
675 g de tagliatelles fraîches vertes et blanches ou 350 g de tagliatelles sèches

VALEURS NUTRITIONNELLES
Calories *306* ; Glucides *52 g* ; Protéines *8 g* ; Lipides *12 g* ; Acides gras saturés *7 g*

⭐⭐ facile
🕐 15 minutes
🕐 35 minutes

🍴 **CONSEIL**

Agrémentez de 50 g de dés de pancetta ou de lard maigre revenu sans matière grasse 5 minutes, jusqu'à ce qu'ils soient croustillants.

Ces délicieux gâteaux de pâtes sont servis accompagnés d'une sauce à la tomate parfumée au laurier.

Timbales *au* fromage *et* sauce tomate

4 PERSONNES

15 g de beurre, en pommade
60 g de chapelure blanche
175 g de spaghettis tricolores
300 ml de sauce béchamel (*voir* page 14)
1 jaune d'œuf
125 g gruyère, fraîchement râpé
sel et poivre
brins de persil plat frais, en garniture

sauce tomate

2 cuil. à café d'huile
1 oignon, finement haché
1 feuille de laurier
150 ml de coulis de tomates
1 cuil. à soupe de concentré de tomates
150 ml de vin blanc sec

VALEURS NUTRITIONNELLES
Calories *517* ; Glucides *55 g* ; Protéines *19 g* ;
Lipides *27 g* ; Acides gras saturés *13 g*

 difficulté moyenne

45 minutes

50 minutes

1 Beurrer 4 moules ou ramequins d'une contenance de 180 ml et chemiser les parois des moules de la moitié de la chapelure.

2 Casser les spaghettis en morceaux de 5 cm. Porter à ébullition une casserole d'eau salée à feu moyen, ajouter les pâtes et cuire 5 à 6 minutes, jusqu'à ce qu'elles soient al dente. Bien égoutter et mettre dans une terrine.

3 Mélanger la sauce béchamel (*voir* page 14), le jaune d'œuf et le gruyère aux pâtes saler et poivrer selon son goût. Répartir délicatement le mélange dans les moules.

4 Parsemer du reste de chapelure, disposer les moules sur une plaque de four, et cuire au four préchauffé, à 220 °C (th. 7-8), 20 minutes, jusqu'à ce que la surface soit dorée. Laisser tiédir 10 minutes.

5 Pour la sauce, faire chauffer l'huile dans une poêle à feu doux, ajouter l'oignon et la feuille de laurier, et faire revenir 2 à 3 minutes, jusqu'à ce que l'oignon soit juste tendre.

6 Incorporer le coulis de tomates, le concentré de tomates, mouiller avec le vin, saler et poivrer selon son goût. Porter la sauce à ébullition, laisser cuire 20 minutes à feu doux, jusqu'à ce que la sauce épaississe, et jeter la feuille de laurier.

7 Décoller les timbales des parois à l'aide d'une spatule, disposer sur 4 assiettes et garnir de brins de persil. Servir avec la sauce tomate.

Cette recette appétissante fera un excellent repas léger pour 4 personnes ou une entrée agréable pour 6 personnes.

Fettucines *aux* olives, *à* l'ail *et aux* noix

1 Mettre le pain dans un grand plat peu profond, arroser avec le lait et laisser tremper jusqu'à ce que le liquide ait été absorbé.

2 Disposer les cerneaux de noix sur une plaque de four, faire griller 5 minutes au four préchauffé, à 190 °C (th. 6-7), jusqu'à ce qu'ils soient dorés, et laisser refroidir.

3 Mettre le pain, les noix, l'ail, les olives, le parmesan et 6 cuillerées à soupe d'huile d'olive dans un robot de cuisine et mixer jusqu'à obtention d'une préparation homogène. Saler, poivrer selon son goût et incorporer la crème épaisse.

4 Porter à ébullition une grande casserole d'eau légèrement salée à feu moyen, ajouter les pâtes et 1 cuillerée à soupe de l'huile restante, et faire cuire 2 à 3 minutes, jusqu'à ce que les pâtes soient al dente. Bien égoutter les pâtes et incorporer l'huile d'olive restante.

5 Transférer les pâtes dans 4 assiettes chaudes, napper de sauce, et garnir de persil haché. Servir immédiatement.

4 À 6 PERSONNES

2 tranches épaisses de pain de mie complet, sans la croûte
300 ml de lait
275 g de cerneaux de noix
2 gousses d'ail, hachées
115 g d'olives noires dénoyautées
60 g de parmesan, fraîchement râpé
8 cuil. à soupe d'huile d'olive vierge extra
sel et poivre
150 ml de crème fraîche épaisse
450 g de fettucines fraîches
2 à 3 cuil. à soupe de persil frais haché

VALEURS NUTRITIONNELLES
Calories *833* ; Glucides *49 g* ; Protéines *20 g* ; Lipides *66 g* ; Acides gras saturés *15 g*

  facile

🕐 15 minutes

🕐 10 minutes

🍴 **CONSEIL**

Le parmesan râpé perd rapidement son goût. Il est préférable d'en acheter un morceau puis de le râper au moment voulu. Emballé dans du papier d'aluminium, le parmesan se conserve plusieurs mois au réfrigérateur.

Ce plat léger aux saveurs délicates constitue un accompagnement idéal dans un repas estival.

Spaghettis *à la* ricotta

4 PERSONNES

350 g de spaghettis
3 cuil. à soupe de beurre
2 cuil. à soupe de persil plat frais haché
sel et poivre
1 cuil. à soupe de pignons
brins de persil plat frais, en garniture

sauce à la ricotta

125 g d'amandes, fraîchement moulues
125 g de ricotta
1 pincée de noix muscade fraîchement râpée
1 pincée de cannelle en poudre
150 ml de yaourt nature
125 ml de bouillon de poulet, chaud

1 Porter à ébullition une casserole d'eau légèrement salée à feu moyen, ajouter les pâtes et faire cuire 8 à 10 minutes, jusqu'à ce que les spaghettis soient al dente.

2 Bien égoutter les pâtes, remettre dans la casserole et mélanger avec le beurre et le persil haché. Réserver au chaud.

3 Pour la sauce, mélanger dans une casserole les amandes, la ricotta, la noix muscade, la cannelle et le yaourt, et faire cuire à feu doux, jusqu'à obtention d'une pâte épaisse. Incorporer progressivement l'huile, mouiller avec le bouillon de poulet chaud, jusqu'à ce que la sauce soit homogène, saler et poivrer selon son goût.

4 Transférer les spaghettis dans un plat de service chaud, verser la sauce par-dessus et bien remuer à l'aide de deux fourchettes (*voir* « conseil »). Parsemer de pignons, garnir de brins de persil plat et servir immédiatement.

VALEURS NUTRITIONNELLES
Calories *701* ; Glucides *85 g* ; Protéines *17 g* ;
Lipides *40 g* ; Acides gras saturés *15 g*

 facile

 5 minutes

5 minutes

25 minutes

CONSEIL

Pour remuer les spaghettis, utilisez deux grandes fourchettes, de façon à bien enrober les pâtes de sauce. Introduisez les fourchettes sous les pâtes, soulevez-les en un mouvement concentrique. Répétez l'opération jusqu'à ce que les pâtes soient enrobées.

La saveur des cœurs d'artichauts, mélangée à celle des olives noires, confère à ce plat un goût original qui fera le délice de tous.

Spaghettis *aux* artichauts *et* olives

1 Faire chauffer 1 cuillerée à soupe d'huile dans une sauteuse à fond épais à feu doux, ajouter l'oignon, l'ail, le jus de citron et les aubergines, et faire cuire 4 à 5 minutes, en remuant de temps en temps, jusqu'à ce qu'ils soient légèrement dorés.

2 Verser le coulis de tomates, saler et poivrer selon son goût. Incorporer le sucre et le concentré de tomates, porter à ébullition à feu moyen, et réduire le feu. Laisser mijoter à feu doux 20 minutes.

3 Incorporer délicatement les cœurs d'artichauts et les olives, et laisser cuire 5 minutes.

4 Pendant ce temps, porter à ébullition une grande casserole d'eau légèrement salée à feu moyen, ajouter les pâtes et faire cuire 8 à 10 minutes, jusqu'à ce qu'elles soient al dente. Bien égoutter, ajouter le reste d'huile, saler et poivrer selon son goût.

5 Transférer les pâtes dans 4 assiettes chaudes, répartir la sauce sur les pâtes et garnir de brins de basilic. Servir immédiatement.

4 PERSONNES

2 cuil. à soupe d'huile d'olive
1 gros oignon rouge, haché
2 gousses d'ail, hachées
1 cuil. à soupe de jus de citron
4 petites aubergines, coupées en quatre
600 ml de coulis de tomates
2 cuil. à café de sucre
2 cuil. à soupe de concentré de tomates
400 g de cœurs d'artichauts en boîte, égouttés et coupés en deux
115 g d'olives noires dénoyautées
350 g de spaghettis à la farine complète
sel et poivre
4 brins de basilic frais, en garniture

VALEURS NUTRITIONNELLES
Calories *393* ; Glucides *74 g* ; Protéines *14 g* ;
Lipides *11 g* ; Acides gras saturés *2 g*

⭐⭐   facile

   20 minutes

   35 minutes

Ces pâtes sont accompagnées d'une sauce au poivron grillé et au piment : une parfaite combinaison pour un repas épicé !

Salade *de* fusillis pimentée

4 PERSONNES

2 poivrons rouges, coupés en deux et épépinés
1 petit piment rouge
4 tomates, coupées en deux
2 gousses d'ail
50 g de poudre d'amandes
7 cuil. à soupe d'huile d'olive
650 g de pâtes fraîches ou 350 g de pâtes sèches
feuilles d'origan frais, en garniture

VALEURS NUTRITIONNELLES

Calories *423* ; Glucides *43 g* ; Protéines *9 g* ; Lipides *27 g* ; Acides gras saturés *4 g*

 difficulté moyenne

 25 minutes

25 minutes

30 minutes

1 Mettre les poivrons, côté peau au-dessus avec le piment et les tomates, passer au gril préchauffé à haute température 10 à 15 minutes, jusqu'à ce que la peau noircisse, après 8 minutes, retourner les tomates.

2 Mettre les poivrons et le piment dans un sac en plastique et laisser suer environ 10 minutes.

3 Retirer la peau des poivrons, épépiner et couper la chair en lanières à l'aide d'un couteau tranchant.

4 Éplucher l'ail, monder et épépiner les demi-tomates.

5 Mettre les amandes sur une plaque de four et passer au gril préchauffé à haute température 2 à 3 minutes, jusqu'à ce qu'elles soient dorées.

6 Mettre les poivrons, le piment, l'ail et les tomates dans un robot de cuisine, et mixer jusqu'à obtention d'une pâte. Moteur en marche, ajouter progressivement l'huile d'olive jusqu'à obtention d'une sauce épaisse, ou réduire le mélange en purée à l'aide d'une fourchette et ajouter l'huile d'olive goutte à goutte en fouettant.

7 Incorporer la poudre d'amandes grillée.

8 Verser la sauce dans une casserole et bien réchauffer.

9 Porter une casserole d'eau légèrement salée à ébullition à feu moyen, ajouter les pâtes et faire cuire, jusqu'à ce qu'elles soient al dente. Bien égoutter, transférer dans 4 assiettes chaudes et napper de sauce. Bien mélanger, garnir de feuilles d'origan frais et servir.

Facile et bon marché, ce plat de pâtes à la fois savoureux et nourrissant peut se préparer assez rapidement.

Pâtes *aux* pignons *et au* fromage

1 Étaler les pignons sur une plaque de four et faire cuire au gril préchauffé à haute température, en les retournant de temps en temps, jusqu'à ce qu'ils soient légèrement dorés. Réserver.

2 Porter à ébullition une grande casserole d'eau légèrement salée à feu moyen, ajouter les pâtes et faire cuire 8 à 10 minutes, jusqu'à ce qu'elles soient al dente.

3 Pendant ce temps, amener une casserole d'eau légèrement salée au point d'ébullition, ajouter le brocoli et les courgettes et faire cuire 5 minutes, jusqu'à ce qu'ils soient tendres.

4 Faire fondre le fromage frais dans une casserole à feu doux, sans cesser de remuer, incorporer le lait et ajouter le basilic et les champignons. Faire cuire 2 à 3 minutes à feu doux, ajouter le bleu au mélange, saler et poivrer selon son goût.

5 Égoutter les légumes et les pâtes, mélanger dans un plat de service, et verser la sauce au fromage et aux champignons, et les pignons. Mélanger à l'aide de deux fourchettes, garnir de basilic et servir avec une salade verte.

4 PERSONNES

55 g de pignons
350 g de pâtes fantaisies
125 g de brocoli, en fleurettes
2 courgettes, coupées en rondelles
200 g de fromage frais
150 ml de lait
1 cuil. à soupe de basilic frais haché
125 g de champignons de Paris, émincés
85 g de bleu, écrasé
sel et poivre
1 brins de basilic, en garniture
salade verte, en accompagnement

VALEURS NUTRITIONNELLES
Calories *531* ; Glucides *39 g* ; Protéines *20 g* ;
Lipides *35 g* ; Acides gras saturés *16 g*

  facile

10 minutes

30 minutes

Des pâtes et des légumes préparés dans une délicieuse sauce tomate au lait de coco constituent un plat économique et rapide à préparer.

Pâtes sautées *au* lait de coco

4 PERSONNES

275 g de pappardelle
3 cuil. à soupe d'huile d'arachide
2 gousses d'ail, hachées
2 échalotes, émincées
225 g de haricots verts, coupés en tronçons
8 tomates cerises, coupés en deux
1 cuil. à café de flocons de piment
4 cuil. à soupe de beurre de cacahuètes
   avec des éclats de cacahuètes
150 ml de lait de coco
1 cuil. à soupe de concentré de tomates

1 Porter une casserole d'eau légèrement salée à ébullition à feu moyen, ajouter les pâtes et cuire 8 à 10 minutes, jusqu'à ce qu'elles soient al dente. Bien égoutter les pâtes et réserver au chaud.

2 Pendant ce temps, faire chauffer l'huile d'arachide dans une grande sauteuse à fond épais ou un grand wok préchauffé, ajouter l'ail et les échalotes et faire revenir 1 minute.

3 Ajouter les haricots verts et les pâtes égouttées dans la sauteuse ou le wok et faire revenir 5 minutes. Ajouter les tomates cerises et bien mélanger.

4 Mélanger les flocons de piment, le beurre de cacahuètes, le lait de coco et le concentré de tomates, verser ce mélange sur les pâtes, et bien remuer pour les enrober de sauce. Bien réchauffer.

5 Transférer dans 4 assiettes chaudes et servir immédiatement.

VALEURS NUTRITIONNELLES
Calories *353* ; Glucides *33 g* ; Protéines *10 g* ;
Lipides *24 g* ; Acides gras saturés *4 g*

 CONSEIL

Pour un repas plus substantiel, ajouter des tranches de poulet ou de bœuf et faire revenir avec les haricots et les nouilles à l'étape 5.

⭐ très facile

🕐 15 minutes

🕐 20 minutes

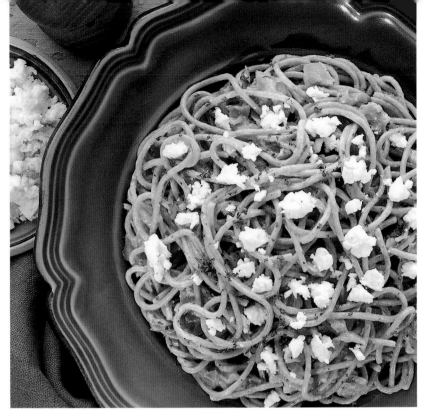

Le saumon fumé accompagne particulièrement bien les pâtes, et constituent ici un plat somptueux.

Spaghettis, sauce *au* saumon

1 Porter à ébullition une grande casserole d'eau légèrement salée à feu moyen, ajouter les pâtes et faire cuire 8 à 10 minutes, jusqu'à ce que les pâtes soient al dente. Bien égoutter, remettre dans la casserole et arroser d'huile d'olive. Couvrir la casserole, bien secouer et réserver au chaud.

2 Pour la sauce, faire chauffer la crème épaisse et le whisky dans deux casseroles différentes, et amener au point d'ébullition sans laisser bouillir.

3 Dans une terrine, mélanger la crème avec le whisky.

4 Couper le saumon fumé en fines lanières, ajouter à la sauce, et assaisonner d'un peu de poivre et de poivre de Cayenne. Incorporer la coriandre ou le persil haché.

5 Transférer les pâtes dans un grand plat de service chaud, napper de sauce et bien remuer à l'aide de deux fourchettes. Parsemer de féta émiettée, garnir de coriandre hachée, et servir immédiatement.

4 PERSONNES

500 g de spaghettis complets
2 cuil. à soupe d'huile d'olive
85 g de féta, émiettée (poids égoutté)
1 cuil. à soupe de coriandre fraîche hachée ou de persil frais haché, en garniture

sauce au saumon

300 ml de crème fraîche épaisse
150 ml de whisky ou de cognac
125 g de saumon fumé
1 bonne pincée de poivre de Cayenne
2 cuil. à soupe de coriandre fraîche hachée ou de persil frais haché
sel et poivre

VALEURS NUTRITIONNELLES
Calories *782* ; Glucides *51 g* ; Protéines *20 g* ; Lipides *48 g* ; Acides gras saturés *27 g*

⭐ très facile
🕐 10 minutes
🕐 15 minutes

Dans ce plat coloré, vous pouvez utiliser, comme ingrédient principal, des crevettes décortiquées surgelées.

Spaghettis *aux* crevettes

4 PERSONNES

225 g de spaghettis, coupés en morceaux
1 cuil. à soupe d'huile d'olive
300 ml de bouillon de poulet
1 cuil. à café de jus de citron
1 petit chou-fleur, en fleurettes
2 carottes, coupées en fines rondelles
115 g de pois mange-tout
60 g de beurre
1 oignon, émincé
225 g de courgettes, coupées en fines rondelles
1 gousse d'ail, hachée
350 g de crevettes décortiquées surgelées, décongelées
sel et poivre
2 cuil. à soupe de persil frais haché
25 g de parmesan, fraîchement râpé
½ cuil. à café de paprika
4 crevettes non décortiquées, en garniture

VALEURS NUTRITIONNELLES
Calories *510* ; Glucides *82 g* ; Protéines *33 g* ;
Lipides *24 g* ; Acides gras saturés *11 g*

 difficulté moyenne

35 minutes

30 minutes

1 Porter à ébullition une casserole d'eau légèrement salée, ajouter les spaghettis et faire cuire 8 à 10 minutes, jusqu'à ce que les pâtes soient al dente. Bien égoutter, remettre dans la casserole et incorporer l'huile d'olive. Couvrir et réserver au chaud.

2 Porter à ébullition le bouillon de poulet et le jus de citron à feu moyen, ajouter le chou-fleur et les carottes, et cuire 3 à 4 minutes, jusqu'à ce qu'ils soient juste tendres. Retirer de la casserole à l'aide d'une écumoire et réserver. Ajouter les pois mange-tout et cuire 1 à 2 minutes, jusqu'à ce qu'ils commencent à ramoillir. Retirer de la casserole à l'aide d'une écumoire et ajouter aux autres légumes. Réserver le bouillon pour une autre recette.

3 Faire fondre la moitié du beurre dans une poêle à feu moyen, ajouter l'oignon et les courgettes et faire revenir 3 minutes . Ajouter l'ail et les crevettes, et cuire encore 2 à 3 minutes, jusqu'à ce qu'ils soient bien cuits.

4 Incorporer les légumes réservés et faire chauffer. Saler, poivrer selon son goût et incorporer le beurre restant.

5 Transférer les spaghettis dans un plat de service chaud, verser la sauce et parsemer de persil haché. Bien mélanger à l'aide de deux fourchettes pour enrober les pâtes, saupoudrer de parmesan et de paprika, et garnir éventuellement de crevettes non décortiquées. Servir.

Les palourdes fraîches sont disponibles dans la plupart des supermarchés. Vous pouvez les remplacer par des palourdes en boîte, qui seront plus pratiques, mais moins présentables.

Pâtes *aux* palourdes *et au* vin blanc

1 Si vous utilisez des palourdes fraîches, brosser soigneusement et jeter tout coquillage ouvert.

2 Faire chauffer l'huile dans une poêle à feu moyen, ajouter l'ail et les palourdes et cuire 2 minutes, en secouant la poêle pour bien enrober tous les coquillages d'huile.

3 Ajouter les autres fruits de mer à la poêle et cuire encore 2 minutes.

4 Verser le vin et le fumet de poisson sur les fruits de mer, porter à ébullition à feu moyen, et couvrir la poêle. Réduire le feu et laisser mijoter 8 à 10 minutes jusqu'à ce que les coquillages s'ouvrent. Jeter les coquillages qui restent fermés.

5 Pendant ce temps, porter à ébullition une casserole d'eau légèrement salée à feu moyen, ajouter les pâtes et faire cuire jusqu'à ce qu'elles soient cuites al dente. Bien égoutter.

6 Incorporer l'estragon dans la sauce, saler et poivrer selon son goût.

7 Transférer les pâtes dans un plat de service, napper de sauce et servir.

4 PERSONNES

650 g de palourdes fraîches ou 290 g de palourdes en boîte, égouttées
2 cuil. à soupe d'huile d'olive
2 gousses d'ail, finement hachées
400 g de fruits de mer mélangés (calmars, crevettes et moules par exemple), décongelés si nécessaire
150 ml de vin blanc
150 ml de fumet de poisson
650 g de pâtes fraîches ou 350 g de pâtes sèches
2 cuil. à soupe d'estragon frais haché
sel et poivre

VALEURS NUTRITIONNELLES
Calories *410* ; Glucides *40 g* ; Protéines *39 g* ; Lipides *9 g* ; Acides gras saturés *1 g*

⭐⭐ facile
🕐 20 minutes
🕐 20 minutes

 CONSEIL

Vous pouvez également ajouter 8 cuillerées à soupe de purée de tomates en même temps que le bouillon, à l'étape 4. Suivez la même méthode de cuisson.

La courge crémeuse, au petit goût de noisette s'allie parfaitement la texture « al dente » des pâtes. Cette recette a été adaptée pour être préparée au four à micro-ondes.

Pennes *à la* courge butternut

4 PERSONNES

2 cuil. à soupe d'huile d'olive
1 gousse d'ail, hachée
55 g de chapelure blanche fraîche
500 g de courge butternut, épluchée, épépinée et coupée en dés
8 cuil. à soupe d'eau
500 g de pennes fraîches ou autre pâtes
1 cuil. à soupe de beurre
1 oignon, émincé
115 g de jambon blanc, coupé en lanières
200 ml de crème fleurette
55 g de gruyère ou d'emmental, fraîchement râpé
2 cuil. à soupe de persil frais haché
sel et poivre

VALEURS NUTRITIONNELLES

Calories *499* ; Glucides *53 g* ; Protéines *20 g* ; Lipides *26 g* ; Acides gras saturés *13 g*

★★ facile
🕐 15 minutes
🕐 30 minutes

1 Mélanger l'huile, l'ail et la chapelure, étaler sur une grande assiette, et faire cuire 4 à 5 minutes au four à micro-ondes à puissance maximale, en remuant toutes les minutes, jusqu'à ce que le mélange soit croustillant et commence à brunir. Retirer du four et réserver.

2 Mettre la courge dans une terrine avec la moitié de l'eau, couvrir et cuire 8 à 9 minutes au four micro-ondes à puissance maximale en remuant de temps en temps. Laisser tiédir 2 minutes.

3 Placer les pâtes dans une grande terrine, saler légèrement et les recouvrir largement d'eau bouillante. Couvrir et faire cuire 5 minutes au four à micro-ondes à puissance maximale en remuant une fois, jusqu'à ce que les pâtes soient al dente. Laisser reposer à couvert 1 minute et égoutter.

4 Mettre le beurre et l'oignon dans une terrine, couvrir et faire cuire 3 minutes au four à micro-ondes à puissance maximale.

5 Réduire la courge en purée grossière à l'aide d'une fourchette, ajouter l'oignon, le jambon, les pâtes, la crème fleurette, le fromage, le persil et le reste d'eau, saler et poivrer généreusement. Mélanger soigneusement, couvrir et faire cuire 4 minutes au four à micro-ondes à puissance maximale, jusqu'à ce que le mélange soit bien chaud.

6 Transférer les pâtes dans un grand plat de service chaud, parsemer de chapelure à l'ail, et servir.

Ces grands nids en spaghettis ont beaucoup d'allure avec leur garniture de légumes cuits au gril. Tout simplement délicieux !

Nids de pâtes *aux* légumes

1 Porter à ébullition une casserole d'eau légèrement salée, ajouter les pâtes et cuire 8 à 10 minutes, jusqu'à ce que les spaghettis soient al dente. Bien égoutter et réserver.

2 Disposer l'aubergine, la courgette et le poivron sur une plaque de four.

3 Mélanger l'huile et l'ail dans une petite terrine, et verser sur les légumes en remuant pour bien les enrober.

4 Faire cuire les légumes 10 minutes au gril préchauffé à haute température en les retournant de temps en temps, jusqu'à ce qu'ils soient tendres et légèrement grillés. Réserver au chaud.

5 Répartir les spaghettis dans un moule antiadhésif creusé de quatre alvéoles ou dans quatre ramequins légèrement beurrés, les enrouler en forme de nid à l'aide de deux fourchettes.

6 Badigeonner les spaghettis de beurre, parsemer de chapelure, et cuire au four préchauffé, à 200 °C (th. 6-7), 15 minutes, jusqu'à ce que les nids soient dorés. Disposer les nids sur 4 assiettes chaudes, répartir les légumes dans les nids. Saler, poivrer selon son goût et garnir de brins de persil.

 CONSEIL

L'expression italienne *al dente* peut se traduire par « sous la dent », et signifie que les pâtes doivent être tendres mais toujours fermes « sous la dent ».

4 PERSONNES

175 g de spaghettis
1 aubergine, coupée en deux puis en rondelles
1 courgette, coupée en dés
1 poivron rouge, épépiné et coupé en biais en lanières
6 cuil. à soupe d'huile d'olive
2 gousses d'ail, hachées
50 g de beurre, en pommade, un peu plus pour graisser
15 g de chapelure blanche sèche
sel et poivre
4 brins de persil frais, en garniture

VALEURS NUTRITIONNELLES
Calories *392* ; Glucides *33 g* ; Protéines *6 g* ; Lipides *28 g* ; Acides gras saturés *6 g*

 difficulté moyenne

25 minutes

40 minutes

Une recette aux origines grecques et italiennes, ce plat peut être proposé chaud ou froid, coupé en portions consistantes.

Pasticcio

6 PERSONNES

250 g de fusillis ou autre pâtes courtes
1 cuil. à soupe d'huile d'olive
4 cuil. à soupe de crème fraîche épaisse
brins de romarin frais, en garniture

sauce au bœuf

2 cuil. à soupe d'huile d'olive, un peu plus
  pour badigeonner
1 oignon, finement émincé
1 poivron rouge, épépiné et haché
2 gousses d'ail, hachées
625 g de bœuf maigre haché
400 g de tomates concassées en boîte
125 ml de vin blanc sec
50 g de filets d'anchois en boîte, égouttés
2 cuil. à soupe de persil frais haché

Garniture

300 ml de yaourt nature
3 œufs
1 pincée de noix muscade fraîchement râpée
sel et poivre
55 g de parmesan, fraîchement râpé

VALEURS NUTRITIONNELLES
Calories *590* ; Glucides *31 g* ; Protéines *34 g* ;
Lipides *39 g* ; Acides gras saturés *16 g*

 facile

35 minutes

1 h 15

1 Pour la sauce, faire chauffer l'huile dans une grande sauteuse à feu moyen, ajouter l'oignon et le poivron rouge, et faire revenir 3 minutes. Incorporer l'ail et faire revenir 1 minute. Ajouter la viande et la faire dorer en remuant fréquemment.

2 Ajouter les tomates, mouiller avec le vin, et bien mélanger. Porter à ébullition et laisser frémir 20 minutes, jusqu'à ce que le mélange ait épaissi. Hacher les anchois, incorporer avec le persil, saler et poivrer selon son goût.

3 Porter à ébullition une grande casserole d'eau légèrement salée, ajouter les pâtes et faire cuire 8 à 10 minutes, jusqu'à ce qu'elles soient al dente. Bien égoutter et transférer dans une terrine. Ajouter la crème épaisse et réserver.

4 Pour la garniture, battre le yaourt, les œufs et assaisonner de sel, de poivre et de noix muscade.

5 Huiler une cocotte, ajouter la moitié des pâtes et recouvrir de la moitié de la sauce au bœuf. Répéter l'opération, recouvrir la dernière couche de garniture et saupoudrer de parmesan.

6 Cuire au four préchauffé, à 190° (th. 6-7), 25 minutes, jusqu'à ce que la surface soit gratinée, garnir de brins de romarin et servir immédiatement.

Ces succulents carrés de pâte farcis aux champignons et au fromage créent la surprise. En entrée, servez 3 raviolis par personnes, 9 pour un plat de résistance.

Raviolis *au* fromage

1 À l'aide d'une roulette dentelée, découper les feuilles de pâte fraîche en carrés de 5 cm. Pour 36 raviolis, il faut 72 carrés. Couvrir les carrés de film alimentaire pour éviter qu'ils se dessèchent.

2 Faire chauffer 3 cuillerées à soupe de beurre dans une sauteuse à feu moyen, ajouter les échalotes, 1 gousse d'ail hachée, les champignons et le céleri et cuire 4 à 5 minutes.

3 Retirer la sauteuse du feu, incorporer le fromage, saler et poivrer selon son goût.

4 Verser ½ cuillerée à café de farce au centre de la moitié des carrés de pâte, humecter les bords avec de l'eau et recouvrir avec les carrés restants. Appuyer sur les bords pour sceller, et laisser reposer 5 minutes.

5 Porter une casserole d'eau à ébullition à feu moyen, ajouter les raviolis et l'huile d'olive, et faire cuire en plusieurs fois, 2 à 3 minutes. Les raviolis doivent remonter à la surface, et doivent être tendres mais toujours fermes sous la dent. Retirer de la casserole à l'aide d'une écumoire et égoutter.

6 Faire fondre le reste du beurre dans une casserole à feu doux, ajouter les gousses d'ail restantes et poivrer généreusement. Faire cuire 1 à 2 minutes.

7 Transférer les raciolis dans 4 assiettes chaudes, napper de beurre aillé, et garnir de pecorino râpé. Servir immédiatement.

4 PERSONNES

300 g de fines feuilles de pâte fraîche
5 cuil. à soupe de beurre
50 g d'échalotes, finement hachées
3 gousses d'ail, hachées
50 g de champignons, finement hachés
½ branche de céleri, finement hachée
50 g de pecorino, finement râpé, un peu plus en garniture
sel et poivre
1 cuil. à soupe d'huile

VALEURS NUTRITIONNELLES
Calories *360* ; Glucides *37 g* ; Protéines *9 g* ; Lipides *21 g* ; Acides gras saturés *12 g*

 difficile

 30 minutes

 25 minutes

Des tagliatelles vertes nappées d'une riche sauce tomate, et surmontées d'une sauce au poulet crémeuse fait de cette recette un plat des plus appétissant.

Tagliatelles, sauce *au* poulet

4 PERSONNES

sauce tomate (*voir* page 14)
250 g de tagliatelles vertes fraîches
 ou 350 g de tagliatelles sèches
sel
feuilles de basilic frais, en garniture

sauce au poulet

4 cuil. à soupe de beurre
400 g de blanc de poulet, sans la peau
 et coupé en fines lanières
85 g d'amandes mondées
300 ml de crème fraîche épaisse
sel et poivre

1 Préparer une sauce tomate (*voir* page 14) et réserver au chaud.

2 Pour la sauce au poulet, faire fondre le beurre dans une poêle à feu moyen, ajouter les lanières de poulet et les amandes et faire cuire 5 à 6 minutes, en remuant fréquemment, jusqu'à ce que le poulet soit bien cuit.

3 Pendant ce temps, verser la crème dans une petite casserole et porter à ébullition à feu doux. Laisser frémir environ 10 minutes, jusqu'à réduction de moitié. Verser la crème sur le poulet et les amandes, bien mélanger, saler et poivrer selon son goût. Retirer la casserole du feu, et réserver au chaud.

4 Porter à ébullition une casserole d'eau légèrement salée à feu moyen, ajouter les pâtes et faire cuire jusqu'à ce qu'elles soient al dente. Pour des tagliatelles fraîches il faut compter 2 à 3 minutes, 8 à 10 minutes pour des pâtes sèches. Bien égoutter, remettre dans la casserole et couvrir. Réserver au chaud.

5 Transférer les pâtes dans un plat de service chaud, verser la sauce tomate, et répartir la sauce crémeuse au poulet au centre du plat. Parsemer de feuilles de basilic et servir.

VALEURS NUTRITIONNELLES
Calories *853* ; Glucides *29 g* ; Protéines *32 g* ;
Lipides *71 g* ; Acides gras saturés *34 g*

⭐⭐   difficulté moyenne

     30 minutes

     25 minutes

Vous pouvez utiliser du riz long grain ordinaire à la place du riz arborio, mais vous n'obtiendrez pas la traditionnelle consistance crémeuse de ce risotto italien typique.

Risotto doré *au* poulet

1 Faire chauffer l'huile et le beurre dans une casserole à feu moyen à doux, ajouter le poireau et le poivron, et faire revenir 1 minute. Incorporer le poulet et faire cuire sans cesser de remuer, jusqu'à ce qu'il soit doré.

2 Incorporer le riz et faire cuire 2 à 3 minutes. Incorporer les filaments de safran, saler et poivrer selon son goût.

3 Mouiller progressivement avec le bouillon, couvrir et laisser cuire 20 minutes à feu doux sans cesser de remuer, jusqu'à ce que le riz soit tendre et le bouillon presque entièrement absorbé. Le risotto ne doit jamais être sec : ajouter du bouillon si nécessaire.

4 Incorporer le maïs, les cacahuètes et le parmesan, rectifier l'assaisonnement si nécessaire. Transférer dans 4 assiettes chaudes et servir immédiatement.

4 PERSONNES

2 cuil. à soupe d'huile de tournesol
15 g de beurre
1 poireau, finement émincé
1 gros poivron jaune, épépiné et coupé en dés
3 blancs de poulet, sans la peau et coupés en dés
350 g de riz pour risotto, rincé
quelques filaments de safran
sel et poivre
1,5 l de bouillon de poulet
200 g de maïs en boîte
60 g de cacahuètes non salées grillées
60 g de parmesan, fraîchement râpé

VALEURS NUTRITIONNELLES
Calories *701* ; Glucides *95 g* ; Protéines *35 g* ; Lipides *26 g* ; Acides gras saturés *8 g*

 facile

 10 minutes

 30 minutes

CONSEIL

Le risotto peut se conserver un mois au congélateur, mais il faut le congeler sans le parmesan. Veillez ensuite à bien le réchauffer, pour que le poulet soit bien chaud.

Cette recette génoise est cuisinée différemment des autres risottos. Vous devez d'abord faire cuire le riz, préparer la sauce, puis mélanger les deux. Le résultat final est un vrai régal.

Risotto *de* fruits de mer *à la* génoise

4 PERSONNES

1,2 l de fumet de poisson ou de bouillon de poulet, chaud
350 g de riz pour risotto, rincé
50 g de beurre
2 gousses d'ail, finement hachées
250 g de fruits de mer mélangés, de préférence crus (crevettes, calmar, moules, palourdes, bouquet...)
2 cuil. à soupe d'origan frais haché
50 g de pecorino ou de parmesan, fraîchement râpé

1 Verser le fumet dans une casserole, porter à ébullition à feu moyen et ajouter le riz. Cuire environ 12 minutes, en remuant, jusqu'à ce que le riz soit tendre, bien égoutter et réserver le liquide.

2 Faire fondre le beurre dans une grande poêle à feu doux, ajouter l'ail et remuer.

3 Ajouter les fruits de mer crus et cuire 5 minutes. Si les fruits de mer sont déjà cuits, faire revenir 2 à 3 minutes.

4 Incorporer l'origan haché au mélange de fruits de mer dans la poêle.

5 Ajouter le riz cuit dans la poêle et faire cuire 2 à 3 minutes en remuant, jusqu'à ce qu'il soit réchauffé. Ajouter le liquide réservé si le mélange est trop collant. Ajouter le pecorino ou le parmesan et mélanger.

6 Transférer le risotto dans 4 assiettes chaudes et servir immédiatement.

VALEURS NUTRITIONNELLES
Calories *679*; Glucides *13,6 g* ; Protéines *20,7 g* ;
Lipides *15,8 g* ; Acides gras saturés *1 g*

★★   facile
🕐   10 minutes
🕐   10 minutes

 CONSEIL

Les Génois sont d'excellents cuisiniers, habiles à préparer de délicieux plats de poissons aromatisés à l'huile d'olive produite localement.

Le goût si particulier des champignons sauvages, très appréciés en Italie, parfume merveilleusement ce risotto aromatique, plein de saveurs corsées.

Risotto *aux* champignons sauvages

1 Mettre les morilles dans une petite terrine, recouvrir d'eau bouillante et laisser tremper 30 minutes. Retirer et sécher avec du papier absorbant. Filtrer l'eau de trempage dans une passoire chemisée de papier absorbant, et réserver.

2 Nettoyer les champignons frais, en les brossant délicatement.

3 Faire chauffer 3 cuillerées à soupe d'huile dans une poêle à feu doux, ajouter les champignons frais et faire revenir 1 à 2 minutes. Ajouter l'ail et les morilles, faire revenir 2 minutes, en remuant fréquemment, et transférer dans une assiette. Réserver.

4 Faire chauffer le reste d'huile et la moitié du beurre dans une casserole à fond épais, ajouter l'oignon et faire cuire 2 minutes en remuant de temps en temps, jusqu'à ce qu'il soit fondant. Ajouter le riz et faire revenir 2 minutes, en remuant, jusqu'à ce qu'il soit translucide et bien enrobé de matière grasse. Mouiller avec le vermouth, et une fois qu'il est presque entièrement absorbé, verser une louche (environ 225 ml) de bouillon. Faire cuire en remuant, jusqu'à ce que le liquide soit complètement absorbé.

5 Continuer d'ajouter le bouillon, environ une demi-louchée à la fois, en laissant le riz absorber le bouillon entre chaque ajout. L'opération doit prendre 20 à 25 minutes.

6 Verser la moitié de l'eau de trempage des morilles dans le risotto et incorporer les champignons. Saler, poivrer en ajoutant un peu d'eau de trempage si nécessaire. Retirer la casserole du feu, incorporer le reste de beurre, le parmesan et le persil et transférer dans 6 assiettes chaudes. Garnir de brins de persil et servir.

6 PERSONNES

55 g de morilles ou de girolles déshydratées
500 g de champignons sauvages frais variés (cèpes, girolles, psalliotes des jachères et chanterelles), coupés en deux pour les plus gros
4 cuil. à soupe d'huile d'olive
3 ou 4 gousses d'ail, finement hachées
4 cuil. à soupe de beurre
1 oignon, finement haché
350 g de riz pour risotto, rincé
50 ml de vermouth blanc sec
1,2 l de bouillon de poulet, frémissant
sel et poivre
115 g de parmesan, fraîchement râpé
4 cuil. à soupe de persil italien frais haché

VALEURS NUTRITIONNELLES
Calories *425* ; Glucides *56 g* ; Protéines *16 g* ; Lipides *17 g* ; Acides gras saturés *6 g*

 facile
35 minutes
35 minutes

Essayez l'association
de deux variétés de riz avec
les saveurs délicieuses
des pignons, du basilic
et du parmesan
fraîchement râpé.

Riz *au* pistou *et* pain *à* l'ail

4 PERSONNES

300 g de mélange de riz long grain et de riz
   sauvage
4 brins de basilic frais, en garniture
salade de tomates et d'oranges,
   en accompagnement

pistou

15 g de brins de basilic frais
125 g de pignons
2 gousses d'ail, hachées
6 cuil. à soupe d'huile d'olive
55 g de parmesan, fraîchement râpé
sel et poivre

pain à l'ail

1 baguette
85 g de beurre, en pommade
2 gousses d'ail, hachées
1 cuil. à café de mélange de fines herbes
   sèches
sel et poivre

VALEURS NUTRITIONNELLES

Calories *918* ; Glucides *75 g* ; Protéines *18 g* ;
Lipides *64 g* ; Acides gras saturés *19 g*

 difficulté moyenne

 20 minutes

40 minutes

1 Mettre le riz dans une casserole, recouvrir d'eau, et porter à ébullition à feu
moyen. Laisser cuire environ 15 à 20 minutes, égoutter et réserver au chaud.

2 Pour le pistou, effeuiller le basilic et hacher finement les feuilles. Réserver 25 g
de pignons, hacher finement le reste, et mélanger avec le basilic haché et le
reste des ingrédients ; ou mettre tous les ingrédients dans un robot de cuisine
et mixer quelques secondes, jusqu'à obtention d'une consistance homogène.
Réserver.

3 Pour le pain à l'ail, entailler la baguette à intervalles de 2,5 cm, en veillant bien
à ne pas couper jusqu'au fond. Mélanger le beurre avec l'ail et les fines herbes,
saler et poivrer selon son goût. Étaler la préparation en couche épaisse dans
les intervalles du pain. Envelopper le pain de papier d'aluminium et cuire au
four préchauffé, à 210 °C (th. 7), 10 à 15 minutes.

4 Faire griller le reste des pignons 2 à 3 minutes au gril préchauffé à température
assez élevée, jusqu'à ce qu'ils soient dorés. Incorporer le pistou au riz, répartir
la préparation dans 4 assiettes chaudes, et parsemer de pignons grillés. Garnir
de brins de basilic et servir avec le pain à l'ail et une salade de tomates et
d'oranges.

Ce gâteau de riz traditionnel est originaire de la région du Piémont, au nord-est de l'Italie. Servez-le chaud ou froid coupé en tranches.

Gâteau vert *de* Pâques

1 Beurrer légèrement un moule à manqué profond, de 23 cm de diamètre avant d'en chemiser le fond de papier sulfurisé.

2 Hacher grossièrement la roquette à l'aide d'un couteau tranchant.

3 Faire chauffer l'huile dans une poêle profonde à feu doux, ajouter l'oignon et l'ail, et faire revenir 4 à 5 minutes, jusqu'à ce qu'ils soient fondants.

4 Ajouter le riz dans la poêle, bien mélanger et commencer à ajouter le bouillon, louche par louche. Attendre que le bouillon soit bien absorbé avant chaque nouvel ajout.

5 Poursuivre la cuisson et mouiller avec le vin, jusqu'à ce que le riz soit tendre. Cette opération prend au moins 20 minutes. Retirer la poêle du feu.

6 Incorporer le parmesan, les petits pois, la roquette, les tomates, les œufs et 2 cuillerées à soupe de marjolaine hachée, saler et poivrer selon son goût.

7 Verser le risotto dans le moule, lisser la surface avec le dos d'une cuillère en bois, et parsemer de chapelure et du reste de marjolaine.

8 Cuire dans un four préchauffé, à 180 °C (th. 6), 30 minutes, jusqu'à ce que la garniture soit prise, couper en parts et servir immédiatement.

4 PERSONNES

1 cuil. à soupe de beurre, pour graisser
80 g de roquette
2 cuil. à soupe d'huile d'olive
1 oignon, haché
2 gousses d'ail, hachées
200 g de riz pour risotto, rincé
700 ml de bouillon de poulet ou de légumes, très chaud
125 ml de vin blanc
50 g de parmesan, fraîchement râpé
100 g de petits pois surgelés, décongelés
2 tomates, coupées en dés
4 œufs, battus
3 cuil. à soupe de marjolaine fraîche hachée
sel et poivre
50 g de chapelure fraîche

VALEURS NUTRITIONNELLES

Calories *392* ; Glucides *44 g* ; Protéines *17 g* ; Lipides *17 g* ; Acides gras saturés *5 g*

 ★★★ difficulté moyenne

25 minutes

50 minutes

En Italie, la polenta est utilisée de la même manière que le riz ou les pommes de terre. Elle a peu de goût, mais préparée avec du beurre, du piment et des fines herbes, elle sera complètement transformée.

Frites *de* polenta *au* piment

4 PERSONNES

1,5 l d'eau
350 g de polenta instantanée
2 cuil. à café de poudre de piment
1 cuil. à soupe d'huile d'olive ou de beurre fondu
sel et poivre
150 ml de crème aigre
1 cuil. à soupe de persil frais haché

1 Mettre l'eau dans une casserole, porter à ébullition à feu moyen et ajouter 2 cuillerées à café de sel. Verser la polenta en pluie, en remuant.

2 Réduire un peu le feu et remuer environ 5 minutes. Il est très important de remuer sinon la polenta colle et brûle. Elle doit avoir une consistance épaisse et suffisamment dense pour qu'une cuillère plantée dedans tienne droit.

3 Ajouter la poudre de piment à la polenta et bien mélanger. Saler et poivrer légèrement.

4 Étaler la polenta sur une planche à découper ou une plaque de four sur une épaisseur d'environ 4 cm, et laisser refroidir.

5 Couper la polenta en allumettes.

6 Faire chauffer 1 cuillerée à soupe d'huile dans une poêle à feu moyen, ajouter les frites de polenta et frire 3 à 4 minutes jusqu'à ce qu'elles soient dorées et croustillantes ; ou badigeonner de beurre fondu et passer 6 à 7 minutes au gril préchauffé, jusqu'à ce qu'elles soient dorées. Égoutter les frites de polenta sur du papier absorbant.

7 Mélanger la crème aigre et le persil et mettre dans une petite terrine.

8 Transférer la polenta sur un plat de service et servir immédiatement avec la crème aigre persillée.

VALEURS NUTRITIONNELLES
Calories *365* ; Glucides *55 g* ; Protéines *8 g* ; Lipides *12 g* ; Acides gras saturés *5 g*

  facile

5 minutes

20 minutes

Ici des brochettes de polenta aromatisée au thym, et enveloppée de prosciutto, sont grillées au barbecue.

Brochettes *de* polenta

1 Verser l'eau dans une grande casserole, porter à ébullition à feu moyen, et ajouter 2 cuillerées à soupe de sel. Verser la polenta en pluie et remuer.

2 Ajouter le thym frais à la polenta, saler et poivrer selon son goût.

3 Étaler la polenta sur une planche à découper, sur environ 2,5 cm d'épaisseur, et laisser refroidir.

4 À l'aide d'un couteau tranchant, couper la polenta refroidie en cubes de 2,5 cm.

5 Couper les tranches de prosciutto en deux dans la longueur, et en envelopper les cubes de polenta.

6 Sur des brochettes en bois prétrempées piquer les cubes de polenta enveloppés de prosciutto.

7 Badigeonner les brochettes avec un peu d'huile et cuire au gril préchauffé à haute température 7 à 8 minutes, en retournant fréquemment, ou cuire les brochettes au-dessus de braises chaudes, jusqu'à ce qu'elles soient dorées. Répartir dans 4 assiettes et servir accompagnées d'une salade verte.

4 PERSONNES
700 ml d'eau
175 g de polenta instantanée
2 cuil. à soupe de thym frais, effeuillé
8 tranches de prosciutto
 (environ 75 g)
1 cuil. à soupe d'huile d'olive
sel et poivre
salade verte, en accompagnement

VALEURS NUTRITIONNELLES
Calories *213* ; Glucides *30,2 g* ; Protéines *34 g* ;
Lipides *7,6 g* ; Acides gras saturés *4 g*

 facile

 5 minutes

20 minutes

🍳 **CONSEIL**

Aromatisez la polenta avec de l'origan haché, du basilic ou de la marjolaine au lieu de thym. Prévoyez 3 cuillerées à soupe de fines herbes hachées pour 350 g de polenta instantanée.

PLATS SIMPLES ET RAPIDES

En Italie, ces petites quenelles de pomme de terre sont traditionnellement servies en entrée. Accompagnées de salade et de pain, elles deviennent un copieux plat principal.

Gnocchis *à la* sauce *aux* herbes

6 PERSONNES

1 kg de pommes de terre farineuses, coupées en dés de 1 cm
60 g de beurre
1 œuf, battu
300 g de farine
sel et poivre

sauce
125 ml d'huile d'olive
2 gousses d'ail, très finement hachées
1 cuil. à soupe d'origan frais haché
1 cuil. à soupe de basilic frais haché
sel et poivre

accompagnement
parmesan, fraîchement râpé (facultatif)
mesclun
ciabatta chaude

VALEURS NUTRITIONNELLES
Calories *619* ; Glucides *84 g* ; Protéines *11 g* ;
Lipides *30 g* ; Acides gras saturés *9 g*

★★★ difficulté moyenne
🕐 30 minutes
🕐 30 minutes

1 Porter à ébullition une casserole d'eau bouillante salée à feu moyen, ajouter les pommes de terre, et faire cuire environ 10 minutes, jusqu'à ce qu'elles soient tendres. Égoutter.

2 Passer les pommes de terre chaudes à travers une passoire ou au presse-purée au-dessus d'une grande terrine, ajouter 1 cuillerée à café de sel, le beurre, l'œuf et 150 g de farine, et bien mélanger.

3 Disposer la pâte sur un plan légèrement fariné et pétrir, en ajoutant progressivement la farine restante, jusqu'à obtention d'une pâte élastique, homogène et légèrement collante.

4 Avec les mains farinées, façonner la pâte en boudins de 2 cm d'épaisseur, couper des tronçons de 1 cm et appuyer dessus avec les dents d'une fourchette farinée. Déposer sur un torchon fariné.

5 Porter à ébullition une grande casserole d'eau salée à feu doux, ajouter les gnocchis et faire cuire, en plusieurs fois si nécessaire, 2 à 3 minutes, jusqu'à ce qu'ils remontent à la surface.

6 Retirer les gnocchis à l'aide d'une écumoire, disposer dans un plat de service graissé et chaud, et couvrir. Réserver au chaud.

7 Pour la sauce, mélanger l'huile, l'ail, le sel et le poivre dans une casserole et cuire, sans cesser de remuer, 3 à 4 minutes, jusqu'à ce que l'ail soit doré. Retirer du feu et incorporer les fines herbes. Verser la sauce sur les gnocchi, saupoudrer de parmesan et accompagner de feuilles de salade et de ciabatta.

Essayez de ne pas trop travailler le mélange quand vous préparez les gnocchis, la pâte deviendrait trop lourde.

Gnocchis d'épinards *et de* ricotta

1 Laver et égoutter les épinards. Sans ajouter d'eau, faire cuire 4 minutes dans une casserole couverte pour les ramollir, et mettre dans une passoire en appuyant bien pour exprimer le plus d'eau possible. Mettre les épinards dans un robot de cuisine et mixer jusqu'à obtention d'une consistance homogène, ou les passer au chinois.

2 Mélanger la purée d'épinards, la ricotta, la moitié du pecorino, les œufs et la noix muscade, saler et poivrer selon son goût. Remuer délicatement, sans trop insister, et incorporer assez de farine au mélange, en battant légèrement et rapidement, pour rendre la préparation plus facile à manipuler.

3 Façonner la pâte obtenue en boulettes ovales, et saupoudrer d'un peu de farine.

4 Ajouter 1 cuillerée à soupe d'huile d'olive dans une casserole d'eau légèrement salée et porter à ébullition à feu moyen. Ajouter délicatement les gnocchis, laisser bouillir 2 minutes, jusqu'à ce qu'ils remontent à la surface, et retirer de la casserole à l'aide d'une écumoire . Mettre dans un plat allant au four, et réserver au chaud.

5 Faire fondre le beurre dans une poêle à feu doux, ajouter les pignons et les raisins secs et faire revenir, jusqu'à ce qu'ils dorent légèrement, sans laisser brûler le beurre.

6 Transférer les gnocchis dans 4 assiettes chaudes, napper de sauce et parsemer avec le reste du fromage. Servir.

4 PERSONNES

1 kg de feuilles d'épinards fraîches
350 g de ricotta
125 g de pecorino frais, fraîchement râpé
3 œufs, battus
¼ de cuil. à café de noix muscade
    fraîchement râpée
sel et poivre
farine, pour lier le tout
1 cuil. à café d'huile d'olive
125 g de beurre, un peu plus pour graisser
25 g de pignons
55 g de raisins secs

VALEURS NUTRITIONNELLES
Calories *712* ; Glucides *31 g* ; Protéines *28 g* ;
Lipides *59 g* ; Acides gras saturés *33 g*

 difficulté moyenne
20 minutes
15 minutes

La semoule a la même consistance que la polenta, mais ses grains sont plus fins. Ces gnocchis parfumés au fromage et au thym, sont très simples à préparer.

Gnocchis *de* semoule gratinés

4 PERSONNES

425 ml de bouillon de légumes
100 g de semoule de blé dur
1 cuil. à soupe de thym frais, effeuillé
1 œuf, battu
50 g de parmesan, fraîchement râpé
sel et poivre
50 g de beurre
2 gousses d'ail, hachées

1 Mettre le bouillon dans une grande casserole, porter à ébullition à feu moyen et ajouter la semoule en pluie sans cesser de remuer. Faire cuire en remuant 3 à 4 minutes, jusqu'à ce que la semoule soit assez épaisse pour qu'une cuillère plantée dedans tienne droit, réserver et laisser tiédir.

2 Ajouter le thym, l'œuf et la moitié du fromage dans la semoule cuite, saler et poivrer selon son goût.

3 Étaler la semoule cuite sur une planche à découper, sur une épaisseur d'environ 1 cm, et laisser prendre.

4 Lorsque la semoule est froide, la couper en carrés de 2,5 cm, en réservant les chutes.

5 Graisser un plat allant au four, disposer les chutes réservées sur le fond et les carrés de semoule au-dessus, et saupoudrer du parmesan restant.

6 Faire fondre le beurre dans une casserole à feu doux, ajouter l'ail et poivrer selon son goût. Verser le beurre fondu sur les gnocchis, cuire au four préchauffé, à 220 °C (th. 7-8), 15 à 20 minutes, jusqu'à ce que les gnocchis soient dorés, et servir.

VALEURS NUTRITIONNELLES
Calories *259* ; Glucides *20 g* ; Protéines *9 g* ;
Lipides *16 g* ; Acides gras saturés *10 g*

⭐⭐ facile
🕐 15 minutes
🕐 30 minutes

 CONSEIL

Essayez d'ajouter ½ cuillerée à café de pâte de tomates séchées au soleil ou 50 g de champignons finement hachées, frits dans du beurre, à la préparation à base de semoule, à l'étape 2. Suivez les instructions pour la cuisson.

On utilise de la purée pour faire une pâte, que l'on découpe en nouilles avant de les cuire à l'eau et de les servir avec une sauce au lard et aux champignons.

Nouilles, sauce *au* fromage

1 Porter à ébullition une casserole d'eau à feu moyen, ajouter les dés de pommes de terre et faire cuire 10 minutes, jusqu'à ce qu'ils soient bien cuits. Égoutter, réduire les pommes de terre en purée onctueuse, et incorporer en fouettant la farine, l'œuf et le lait. Saler, poivrer selon son goût et mélanger jusqu'à obtention d'une pâte ferme.

2 Sur un plan légèrement fariné, rouler la pâte en boudins fins et couper les boudins en morceaux de 2,5 cm de long. Porter une grande casserole d'eau salée à ébullition à feu moyen, plonger les morceaux de pâte et laisser cuire 3 à 4 minutes, jusqu'à ce qu'ils remontent à la surface.

3 Pour la sauce, faire chauffer l'huile dans une casserole à feu doux, ajouter l'oignon et l'ail et faire revenir 2 minutes. Ajouter les champignons et le lard et cuire 5 minutes. Incorporer le fromage, la crème épaisse et le persil, saler et poivrer selon son goût.

4 Égoutter les nouilles, transférer dans un plat de service chaud, et napper de sauce. Mélanger, garnir d'un brin de persil et servir.

4 PERSONNES

450 g de pommes de terre farineuses, pelées et coupées en dés
225 g de farine
1 œuf, battu
1 cuil. à soupe de lait
sel et poivre
1 brin de persil, en garniture

SAUCE
1 cuil. à soupe d'huile
1 oignon, haché
1 gousse d'ail, hachée
125 g de champignons de couche, émincés
3 tranches de lard fumé, hachées
50 g de parmesan, fraîchement râpé
300 ml de crème fraîche épaisse
2 cuil. à soupe de persil frais haché

VALEURS NUTRITIONNELLES
Calories *213* ; Glucides *20,6 g* ; Protéines *5 g* ;
Lipides *13 g* ; Acides gras saturés *7 g*

 facile

 5 minutes

20 minutes

 CONSEIL

Préparez la pâte à l'avance, puis enveloppez et conservez les nouilles 24 heures au réfrigérateur.

Desserts

Pour beaucoup de gens, le dessert est le moment le plus attendu du repas. Les recettes rassemblées ici constituent un festival pour tous les palais. Que vous soyez amoureux du chocolat ou que vous suiviez un régime draconien, vous trouverez sans aucun doute une recette tentante. Petits délices légers d'été ou bons desserts copieux d'hiver, il y a dans ce chapitre de quoi vous faire plaisir tout au long de l'année. Pour un délicieux goûter, penchez pour le gâteau à la banane et au citron vert ou le gâteau aux poires, mais s'il vous prend une envie irrésistible de dessert somptueux, alors c'est le sabayon au chocolat qu'il vous faut.

Cette version fondante
d'un grand classique
anglo-saxon contient
moitié moins de lipides
que le cake traditionnel.

Gâteau *de* carottes *au* gingembre

1 0 PERSONNES

225 g de farine
1 cuil. à café de levure chimique
1 cuil. à café de bicarbonate de soude
2 cuil. à café de gingembre en poudre
½ cuil. à café de sel
175 g de mélasse
225 g de carottes râpées
2 morceaux de gingembre confit au sirop, hachés
1 cuil. à soupe de gingembre frais râpé
60 g de raisins secs tendres
2 œufs, battus
3 cuil. à soupe d'huile de maïs
jus d'une orange

glaçage
225 g de fromage frais allégé
4 cuil. à soupe de sucre glace
1 cuil. à café d'extrait de vanille

décoration
carotte râpée
gingembre confit et en poudre

VALEURS NUTRITIONNELLES
Calories *249* ; Lipides *74 g* ; Protéines *7 g* ;
Lipides *6 g* ; Acides gras saturés *1 g*

 difficulté moyenne

15 minutes

1 h 15

1 Graisser et chemiser de papier sulfurisé un moule à gâteau de 20 cm de diamètre.

2 Dans une jatte, tamiser la farine, la levure, le bicarbonate de soude, le gingembre en poudre et le sel, incorporer la mélasse, les carottes, les morceaux de gingembre confit et frais, et les raisins, et ménager un puits au centre des ingrédients. Battre les œufs, l'huile et le jus d'orange, verser dans le puits et bien remuer, jusqu'à obtention d'un mélange homogène.

3 Verser le mélange dans le moule et cuire au four préchauffé à 180 °C (th. 6),1 heure à 1 h 15, jusqu'à ce que le gâteau soit ferme ; une lame de couteau piquée au milieu doit ressortir sèche. Laisser refroidir dans le moule.

4 Pour le glaçage, mettre le fromage frais dans une terrine et battre à l'aide d'une cuillère en bois, pour le fluidifier. Tamiser le sucre glace, ajouter l'extrait de vanille et bien mélanger.

5 Démouler et étaler le glaçage. Décorer de carotte râpée, de gingembre confit et de gingembre en poudre et servir.

Un cake facile à réaliser, rendu croustillant par l'utilisation de sucre en morceaux.

Cake croustillant *aux* fruits

1 Beurrer et chemiser de papier sulfurisé un moule à cake d'une contenance de 900 g. Mettre les pommes dans une casserole avec le jus de citron, porter à ébullition à feu moyen et réduire le feu. Couvrir et laisser mijoter environ 10 minutes, jusqu'à ce que les pommes soient tendres. Bien battre et laisser refroidir.

2 Tamiser la farine, la levure et la cannelle dans une jatte, en ajoutant les débris restés dans le tamis, et incorporer 115 g de mûres et la mélasse.

3 Ménager un puits au centre des ingrédients, ajouter l'œuf, le fromage blanc et la compote de pommes refroidie, et bien mélanger. Verser le mélange dans le moule et lisser la surface.

4 Parsemer des mûres restantes, en les enfonçant dans la pâte, recouvrir des morceaux de sucre écrasés et cuire au four préchauffé, à 190 °C (th. 6-7), 40 à 45 minutes. Retirer le gâteau du four et laisser refroidir dans le moule.

5 Démouler le gâteau, décoller le papier sulfurisé, et servir saupoudré de cannelle et décoré de tranches de pommes et de quelques mûres.

4   P E R S O N N E S

1 cuil. à soupe de beurre, pour graisser

350 g de pommes, épluchées, évidées et coupées en dés

3 cuil. à soupe de jus de citron

300 g de farine levante complète

½ cuil. à café de levure chimique

1 cuil. à café de cannelle en poudre, un peu plus pour saupoudrer

175 g de mûres, décongelées si nécessaire, un peu plus pour décorer

175 g de mélasse

1 œuf, battu

200 ml de fromage blanc allégé ou yaourt nature

60 g de morceaux de sucre blanc ou roux, légèrement écrasés

1 pomme, coupée en tranches, pour décorer

VALEURS NUTRITIONNELLES
Calories *227*; Lipides *83 g* ; Protéines *5 g* ; Lipides *1 g* ; Acides gras saturés *0,2 g*

 difficulté moyenne

15 minutes

55 minutes

🍳 **C O N S E I L**

Essayez de remplacer les mûres par des myrtilles. Utilisez des myrtilles en boîte ou surgelées si vous ne trouvez pas de myrtilles fraîches.

Un copieux gâteau idéal pour accompagner le thé. Les bananes écrasées lui donnent tout son moelleux et le glaçage au citron vert une pointe de piquant.

Gâteau *à la* banane *et au* citron vert

1 0 PERSONNES

1 cuil. à soupe de beurre, pour graisser
300 g de farine
1 cuil. à café de sel
1 cuil. à café ½ de levure chimique
175 g de sucre roux
1 cuil. à café de zeste de citron vert râpé
1 œuf, légèrement battu
1 banane, écrasée, mélangée à 1 cuil. à soupe de jus de citron vert
150 ml de fromage blanc allégé ou yaourt nature
115 g de raisins de Smyrne

glaçage
115 g de sucre glace
1 à 2 cuil. à café de jus de citron vert
½ cuil. à café de zeste de citron vert finement râpé

décoration
fines rondelles de banane
zeste de citron vert finement râpé

1 Beurrer et chemiser de papier sulfurisé un moule à gâteau profond, de 18 cm de diamètre.

2 Tamiser la farine, le sel et la levure dans une jatte et incorporer le sucre et le zeste de citron.

3 Ménager un puits au centre des ingrédients, ajouter l'œuf, la banane, le fromage blanc et les raisins secs, et bien mélanger le tout.

4 Verser le mélange dans le moule, lisser la surface et cuire au four préchauffé, à 180 °C (th. 6), 40 à 45 minutes, une lame de couteau piquée dans le gâteau doit ressortir sèche. Laisser refroidir 10 minutes dans le moule, démouler sur une grille et laisser refroidir complètement.

5 Pour le glaçage, mélanger dans une jatte le sucre glace et le jus de citron vert, jusqu'à obtention d'un glaçage lisse mais pas trop liquide, incorporer le zeste de citron vert, et arroser le gâteau de glaçage, en le laissant couler sur les côtés.

6 Décorer le gâteau de fines rondelles de bananes et de zeste de citron vert et laisser reposer 15 minutes, le temps que le glaçage se solidifie.

VALEURS NUTRITIONNELLES
Calories *235* ; Lipides *86 g* ; Protéines *5 g* ;
Lipides *1 g* ; Acides gras saturés *0,3 g*

facile

35 minutes

45 minutes

Des scones à base de purée de pomme de terre qui ont, par conséquent, une consistance légèrement différente des scones traditionnels, mais qui sont tout aussi irrésistibles.

Scones *de* pommes de terre

1 Beurrer et chemiser de papier sulfurisé une plaque de four. Porter à ébullition une casserole d'eau à feu moyen, ajouter les pommes de terres coupées en dés et faire cuire 10 minutes jusqu'à ce qu'elles soient tendres.

2 Bien égoutter les pommes de terre, réduire en purée, et transférer dans une grande terrine. Incorporer la farine, la levure et la noix muscade, ajouter les raisins secs, l'œuf et la crème épaisse, et travailler à l'aide d'une cuillère jusqu'à l'obtention d'une pâte lisse.

3 Façonner 8 petits ronds de 2 cm d'épaisseur et les disposer sur la plaque de four.

4 Cuire au four préchauffé, à 210 °C (th. 7), 15 minutes, jusqu'à ce que les scones aient levé et soient dorés, saupoudrer de sucre, et servir les scones de pommes de terre chauds, éventuellement tartinés de beurre.

4 PERSONNES

1 cuil. à soupe de beurre, pour graisser
225 g de pommes de terre farineuses, coupées en dés
125 g de farine
1 cuil. à café ½ de levure chimique
½ cuil. à café de noix muscade râpée
50 g de raisins de Smyrne
1 œuf, battu
50 ml de crème fraîche épaisse
2 cuil. à café de sucre roux

VALEURS NUTRITIONNELLES
Calories *135* ; Lipides *29 g* ; Protéines *3 g* ;
Lipides *4 g* ; Acides gras saturés *2 g*

⭐⭐   facile
🕐   5 minutes
🕐   25 minutes

 CONSEIL

Vous pouvez préparer les scones à l'avance et les congeler. Pour les servir, il suffit de les décongeler à température ambiante et de les réchauffer au four à température moyenne.

Ce dessert bien connu est une mousse à la fois riche et légère, aromatisée au marsala.

Sabayon

4 PERSONNES

5 jaunes d'œufs
100 g de sucre en poudre
150 ml de marsala ou de xérès doux
biscuits amaretti, en garniture (facultatif)

1 Mettre les jaunes d'œufs dans une grande jatte, ajouter le sucre en poudre et fouetter jusqu'à ce que le mélange blanchisse et double de volume.

2 Mettre la jatte contenant le mélange sucre-œufs au-dessus d'une casserole d'eau frémissante.

3 Ajouter le marsala ou le xérès à la préparation et continuer à fouetter jusqu'à ce que le mélange soit mousseux et chaud, cette opération prend environ 10 minutes.

4 Verser la préparation, qui doit être mousseuse et légère, dans 4 coupes en verre.

5 Servir le sabayon chaud avec des fruits frais ou éventuellement des biscuits amaretti.

VALEURS NUTRITIONNELLES
Calories *158* ; Lipides *58 g* ; Protéines *1 g* ;
Lipides *1 g* ; Acides gras saturés *0,2 g*

⭐⭐   facile
🕐   15 minutes
🕐   10 minutes

 CONSEIL

Vous pouvez utiliser n'importe quel type de vin doux pour remplacer le Marsala, ou le xérès. Proposez avec le sabayon des fruits tendres, tels que des fraises ou des framboises pour obtenir une délicieuse association.

Étant donné que cette recette n'utilise qu'une petite quantité de chocolat, choisissez une variété de chocolat contenant au moins 70 % de cacao.

Sabayon *au* chocolat

1 Mettre les jaunes d'œufs et le sucre dans une grande jatte en verre, et fouetter à l'aide d'un batteur électrique, jusqu'à ce que le mélange blanchisse.

2 Râper finement le chocolat et l'incorporer à la préparation

3 Ajouter le marsala à la préparation.

4 Mettre la jatte sur une casserole d'eau frémissante et régler le batteur électrique sur la puissance minimale ou utiliser un fouet à main. Faire chauffer à feu doux en fouettant jusqu'à ce que la préparation épaississe. Veiller à ne pas trop faire cuire sinon le mélange risque de cailler.

5 Verser la préparation dans des coupes individuelles en verre ou dans des tasses et servir le sabayon aussi vite que possible, encore chaud, léger et mousseux, accompagné de biscuits amaretti.

4 PERSONNES

4 jaunes d'œufs
50 g de sucre en poudre
50 g de chocolat noir
125 ml de marsala
biscuits amaretti, en accompagnement

VALEURS NUTRITIONNELLES
Calories *227* ; Lipides *58 g* ; Protéines *19 g* ;
Lipides *9,3 g* ; Acides gras saturés *0,4 g*

⭐⭐ facile
🕐 10 minutes
🕐 5 minutes

🍴 **CONSEIL**

Préparez ce dessert juste avant de le servir car il se déliera vite si vous le laissez reposer. S'il commence à cailler, retirez-le du feu et placez la jatte dans une jatte d'eau froide pour stopper la cuisson. Fouettez pour lier à nouveau.

Voici une version rapide et simplissime de l'un des desserts préférés des Italiens.

Tiramisù rapide

4 PERSONNES

225 g de mascarpone ou de fromage frais
1 œuf, blanc et jaune séparés
2 cuil. à soupe de yaourt nature
2 cuil. à soupe de sucre
2 cuil. à soupe de rhum brun
2 cuil. à soupe de café noir fort
8 boudoirs
2 cuil. à soupe de chocolat noir râpé

1 Mettre le mascarpone dans une grande jatte, ajouter le jaune d'œuf et le yaourt et battre le tout à l'aide d'une cuillère en bois, jusqu'à obtention d'une consistance homogène.

2 Dans une autre jatte, battre à l'aide d'un fouet à main le blanc d'œuf en neige ferme mais pas trop sèche, incorporer le sucre en poudre en fouettant, et incorporer le mélange obtenu à la préparation précédente.

3 Verser la moitié du mélange dans 4 grandes coupes à glace.

4 Dans une jatte peu profonde, mélanger le café avec le rhum, tremper les boudoirs dans le mélange et les casser en deux, ou en plus petits morceaux si nécessaire. Répartir dans les coupes.

5 Incorporer le reste du café au rhum dans le reste de la préparation au mascarpone et répartir le mélange dans les coupes, sur les boudoirs.

6 Parsemer chaque coupe de chocolat râpé et servir immédiatement, ou réserver au réfrigérateur.

VALEURS NUTRITIONNELLES
Calories 387 ; Lipides 39 g ; Protéines 9 g ;
Lipides 28 g ; Acides gras saturés 15 g

⭐⭐⭐ difficulté moyenne
  15 minutes
  0 minutes

🍳 **CONSEIL**

Le mascarpone est un fromage frais italien fabriqué avec du lait de vache. Il possède une riche texture soyeuse et lisse et une délicieuse saveur crémeuse. On peut le consommer accompagné de fruits frais ou aromatisé au café ou au chocolat.

Voici une gourmandise originale : des pâtes accommodées avec des fruits et des amandes grillées.

Fusillis *aux* framboises

1 Porter à ébullition une casserole d'eau légèrement salée à feu moyen, ajouter les fusillis et faire cuire jusqu'à ce que les pâtes soient al dente. Égoutter, remettre dans la casserole et laisser refroidir.

2 En appuyant fort avec le dos d'une cuillère, passer 225 g de framboises à travers une passoire posée sur une grande jatte pour obtenir une purée homogène.

3 Mettre la purée de framboises et le sucre dans une casserole, laisser mijoter 5 minutes à feu doux, en remuant de temps en temps, et incorporer le jus de citron. Réserver.

4 Ajouter les framboises restantes aux fusillis, bien mélanger, et transférer cette préparation dans un plat de service.

5 Étaler les amandes sur une plaque de four, passer au gril préchauffé à haute température, jusqu'à ce qu'elles soient bien dorées et retirer du gril. Laisser tiédir.

6 Incorporer la liqueur de framboises à la purée de framboises, bien mélanger et verser cette sauce sur les fusillis. Parsemer généreusement d'amandes grillées et servir.

4 PERSONNES

175 g de fusillis
700 g de framboises
2 cuil. à soupe de sucre
1 cuil. à soupe de jus de citron
4 cuil. à soupe d'amandes effilées
3 cuil. à soupe de liqueur de framboise

VALEURS NUTRITIONNELLES
Calories *235* ; Lipides *56 g* ; Protéines *7 g* ; Lipides *7 g* ; Acides gras saturés *1 g*

 ★★ facile
 5 minutes
20 minutes

🍵 **CONSEIL**

Vous pouvez utiliser presque toutes les variétés de fruits rouges et bien mûrs pour faire ce dessert. Les fraises et les mûres conviennent bien, associées à la liqueur correspondante.

Si vous les préparez à l'avance, tout ce que vous aurez à faire sera de réchauffer les pêches au barbecue au moment de les servir.

Pêches fourrées *au* mascarpone

4 PERSONNES

4 pêches fermes mais mûres
175 g de mascarpone
40 g de noix de pecan ou de noix, concassées
1 cuil. à café d'huile de tournesol
4 cuil. à soupe de sirop d'érable

1 Couper les pêches en deux et retirer le noyau. Si vous les préparez à l'avance presser les deux moitiés de pêches l'une contre l'autre et les envelopper de film alimentaire jusqu'au moment de les cuire.

2 Bien mélanger le mascarpone et les noix dans une jatte, et laisser refroidir au réfrigérateur.

3 Badigeonner les pêches avec un peu d'huile de tournesol, mettre sur une grille au-dessus de braises pas trop chaudes, et faire cuire 5 à 10 minutes au barbecue, en les retournant une fois, jusqu'à ce qu'elles soient bien chaudes.

4 Transférer les pêches sur un plat de service, garnir de préparation au mascarpone et aux noix, et arroser les pêches et le mascarpone d'un filet de sirop d'érable. Servir immédiatement.

VALEURS NUTRITIONNELLES
Calories *301* ; Lipides *48 g* ; Protéines *6 g* ;
Lipides *20 g* ; Acides gras saturés *9 g*

 très facile

 10 minutes

 10 minutes

CONSEIL

Vous pouvez remplacer les pêches par des nectarines. N'oubliez pas de choisir des fruits mûrs mais relativement fermes qui ne se déferont pas à la cuisson. Préparez les nectarines comme les pêches et mettez 5 à 10 minutes au barbecue.

Cette version maison de la glace à la vanille italienne est absolument délicieuse et particulièrement simple à réaliser. Essayez également la version plombières !

Glace *à la* vanille

1 Mettre la crème épaisse dans une casserole à fond épais et faire chauffer à feu doux sans cesser de fouetter. Ajouter la gousse de vanille, le zeste de citron, les œufs entiers et les jaunes, et faire chauffer jusqu'à ce que le mélange arrive presque à ébullition.

2 Réduire le feu et cuire environ 8 à 10 minutes, sans cesser de fouetter, jusqu'à épaississement. Incorporer le sucre et laisser refroidir. Passer la préparation à la crème au chinois.

3 Fendre la gousse de vanille sur sa longueur, enlever les graines noires et les incorporer à la crème.

4 Verser la préparation dans un récipient peu profond et congeler 1 heure. Retirer du congélateur et battre pour casser les cristaux de glace. Remettre au congélateur en répétant l'opération plusieurs fois. Couvrir et réserver au congélateur jusqu'au moment de servir. Transférer au réfrigérateur juste avant de servir pour ramollir légèrement.

4 PERSONNES

600 ml de crème fraîche épaisse
1 gousse de vanille
lanières de zeste d'un citron
4 œufs, battus
2 jaunes d'œufs
175 g de sucre en poudre

VALEURS NUTRITIONNELLES
Calories *652* ; Lipides *66 g* ; Protéines *8 g* ;
Lipides *55 g* ; Acides gras saturés *32 g*

 facile

 3 heures

 10 minutes

 CONSEIL

La glace fait partie des plats traditionnels d'Italie. Les marchands de glace proposent des glaces en cornet aux multiples parfums. La glace est également servie en barquette et en tranches.

Ces biscuits somptueux seront très appréciés toute l'année, mais particulièrement lors des fêtes de Noël.

Florentins

POUR 10 FLORENTINS

50 g de beurre
50 g de sucre en poudre
25 g de farine, tamisée
50 g d'amandes, hachées
50 g de zestes de fruits confits, hachés
25 g de raisins secs, hachés
2 cuil. à soupe de cerises confites hachées
zeste finement râpé d'un demi citron
125 g de chocolat noir, fondu

1 Chemiser 2 plaques de four de papier sulfurisé.

2 Faire chauffer le beurre et le sucre dans une petite casserole à feu doux, jusqu'à ce que le beurre soit fondu, et le sucre dissous. Retirer la casserole du feu.

3 Incorporer la farine et bien mélanger. Incorporer les amandes, les zestes confits, les raisins secs, les cerises confites et le zeste de citron, bien mélanger et disposer des cuillerées de la préparation sur les plaques, en les espaçant bien. Cuire au four préchauffé, à 180 °C (th. 6), 10 minutes pour bien les faire dorer.

4 Dès la sortie du four et toujours sur les plaques, modeler les florentins à l'aide d'un emporte-pièce de façon à obtenir des formes régulières. Laisser tiédir et prendre sur les plaques, et les laisser refroidir complètement sur une grille.

5 Napper le côté lisse de chaque florentin de chocolat fondu. Quand le chocolat commence à prendre, dessiner des ondulations sur le dessus à l'aide d'une fourchette, et laisser prendre, côté chocolaté vers le haut.

VALEURS NUTRITIONNELLES
Calories *164* ; Lipides *32,8 g* ; Protéines *2,5 g* ; Lipides *10 g* ; Acides gras saturés *7,5 g*

 facile

 50 minutes

 10 minutes

 CONSEIL

Remplacez le chocolat noir par du chocolat blanc ou, pour un goût différent, recouvrez la moitié des florentins de chocolat noir et l'autre de chocolat blanc.

Un fabuleux mélange de fruits d'été enveloppés dans des tranches de pain blanc qui absorbent les jus colorés et pleins de saveurs.

Petits puddings d'été

1 Graisser six moules profonds d'une contenance de 150 ml avec du beurre ou de l'huile.

2 Chemiser les moules avec le pain, en découpant les tranches pour les ajuster à la forme et à la taille du moule.

3 Mettre dans une casserole l'eau et le sucre, faire chauffer à feu doux en remuant fréquemment, jusqu'à dissolution du sucre, et porter à ébullition à feu vif. Laisser bouillir 2 minutes.

4 Mettre 6 grosses fraises de côté pour la décoration. Couper en deux les fraises les plus grosses et ajouter la moitié des framboises et le reste des fruits dans la casserole. Laisser mijoter à feu doux quelques minutes, jusqu'à ce que les fruits ramollissent mais conservent leur forme.

5 Garnir les moules avec les fruits et un peu de sirop, recouvrir de tranches de pain et les imbiber de jus. Couvrir les moules d'une soucoupe, placer un poids par-dessus, et laisser refroidir. Réserver au réfrigérateur de préférence une nuit entière.

6 Mixer le reste des framboises dans un robot de cuisine ou un mixeur ou les écraser dans une passoire non métallique. Ajouter un peu plus de sirop des fruits cuits si nécessaire pour que le mélange nappe la cuillère.

7 Démouler les puddings dans 4 assiettes, napper de coulis de framboises et décorer de brins de menthe et des fraises restantes. Servir avec de la crème.

4 PERSONNES

1 cuil. à soupe d'huile ou de beurre, pour graisser
6 à 8 fines tranches de pain de mie, sans la croûte
175 g de sucre en poudre
300 ml d'eau
225 g de fraises
500 g de framboises
175 g de cassis et/ou de groseilles
175 g de mûres
4 brins de menthe fraîche, pour décorer
crème fraîche liquide, en accompagnement

VALEURS NUTRITIONNELLES
Calories *250* ; Lipides *94 g* ; Protéines *4 g* ;
Lipides *4 g* ; Acides gras saturés *2 g*

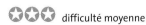 difficulté moyenne

8 heures

 10 minutes

Ce célèbre gâteau toscan au miel et aux noix est une spécialité de Noël dans toute l'Italie, où on le vend dans de jolies boîtes ; on le sert découpé en tranches très fines.

Panforte *di* Siena

4 PERSONNES

125 g d'amandes, coupées en deux
125 g de noisettes
90 g de zestes confits mélangés, hachés
60 g d'abricots secs
60 g d'ananas confit
zeste râpé d'une grosse orange
60 g de farine
2 cuil. à soupe de cacao en poudre
2 cuil. à café de cannelle en poudre
125 g de sucre en poudre
175 g de miel
sucre glace, pour saupoudrer

VALEURS NUTRITIONNELLES
Calories *257* ; Lipides *62 g* ; Protéines *5 g* ;
Lipides *13 g* ; Acides gras saturés *1 g*

 difficulté moyenne

10 minutes

1 h 15

1 Étaler les amandes sur une plaque de four, faire légèrement griller au gril préchauffé à haute température et mettre dans une jatte.

2 Étaler les noisettes sur une plaque de four, et faire légèrement griller au gril préchauffé à haute température jusqu'à ce que leur peau se fende. Disposer sur un torchon, frotter pour retirer la peau et hacher grossièrement les noisettes. Ajouter aux amandes avec les zestes mélangés.

3 Hacher finement les abricots et l'ananas, ajouter aux noix avec le zeste d'orange et bien mélanger.

4 Tamiser la farine avec le cacao en poudre et la cannelle, ajouter à la préparation précédente et mélanger.

5 Chemiser de papier sulfurisé un moule à fond amovible de 20 cm de diamètre.

6 Mettre le sucre et le miel dans une casserole et chauffer à feu doux jusqu'à dissolution du sucre. Augmenter le feu et laisser frémir environ 5 minutes à feu doux, jusqu'à ce que le sucre épaississe et prenne une coloration marron foncé. Ajouter immédiatement à la préparation aux noix et bien mélanger pour enrober. Verser dans le moule chemisé et lisser avec le dos d'une cuillère humide.

7 Cuire au four préchauffé, à 150 °C (th. 5), 1 heure, retirer du four et laisser refroidir complètement dans le moule. Démouler et décoller délicatement le papier sulfurisé. Avant de servir, saupoudrer généreusement le gâteau de sucre glace, et servir en tranches très fines.

Ce gâteau est un peu long à cuire et à refroidir, mais il vaut vraiment la peine. Dessert très riche, il s'accompagne très bien de quelques fruits frais.

Cheesecake *au* chocolat

1 Mettre la farine, la poudre d'amandes et la mélasse dans une jatte, bien mélanger, et incorporer la margarine, jusqu'à obtention d'une pâte.

2 Graisser légèrement le fond d'un moule à manqué à fond amovible de 23 cm de diamètre et le chemiser de papier sulfurisé. Foncer le moule avec la pâte jusqu'aux bords.

3 Hacher grossièrement le tofu et mettre dans un robot de cuisine avec l'huile, le jus d'orange, le cognac, le cacao, l'extrait d'amandes et le reste de mélasse, et mixer jusqu'à obtention d'un mélange crémeux. Verser sur la pâte et cuire au four préchauffé, à 160 °C (th. 5-6), 1 heure à 1 h 15, jusqu'à ce que la préparation prenne.

4 Laisser tiédir 5 minutes dans le moule, démouler et laisser refroidir au réfrigérateur. Saupoudrer de sucre glace et de cacao, décorer de physalis, et servir.

4 PERSONNES

100 g de farine
100 g de poudre d'amandes
200 g de mélasse
150 g de margarine
675 g de tofu ferme (poids égoutté)
175 ml d'huile
125 ml de jus d'orange
175 ml de cognac
6 cuil. à soupe de cacao en poudre, un peu plus pour décorer
2 cuil. à café d'extrait d'amandes

décoration
sucre glace
physalis (amour en cage)

VALEURS NUTRITIONNELLES
Calories *471* ; Lipides *48 g* ; Protéines *10 g* ;
Lipides *33 g* ; Acides gras saturés *5 g*

 difficulté moyenne

1 h 15

1 h 15

 CONSEIL

Le physalis (amour en cage) est une décoration attrayante pour un grand nombre de desserts. Il suffit d'ouvrir les feuilles du calice pour découvrir son fruit orange vif.

Index